안드로이드 앱 스튜디오 설치부터 차근차근
코틀린으로 앱을 제작하고 수익을 내는 방법까지

하루 만에 배우는

안드로이드
앱 만들기

with 코틀린

ISBN : 978-89-314-6983-7

독자님의 의견을 받습니다.

이 책을 구입한 독자님은 영진닷컴의 가장 중요한 비평가이자 조언가입니다. 저희 책의 장점과 문제점이 무엇인지, 어떤 책이 출판되기를 바라는지, 책을 더욱 알차게 꾸밀 수 있는 아이디어가 있으면 팩스나 이메일, 또는 우편으로 연락주시기 바랍니다. 의견을 주실 때에는 책 제목 및 독자님의 성함과 연락처(전화번호나 이메일)를 꼭 남겨 주시기 바랍니다. 독자님의 의견에 대해 바로 답변을 드리고, 또 독자님의 의견을 다음 책에 충분히 반영하도록 늘 노력하겠습니다.

이메일 : support@youngjin.com

주 소 : (우)08507 서울특별시 금천구 가산디지털1로 128 STX-V타워 4층 401호 (주)영진닷컴 기획1팀

파본이나 잘못된 도서는 구입하신 곳에서 교환해 드립니다.

STAFF

저자 서창준 | **총괄** 김태경 | **기획** 김용기 | **표지디자인·내지디자인·편집** 김유진

영업 박준용, 임용수, 김도현, 이윤철 | **마케팅** 이승희, 김근주, 조민영, 김도연, 김민지, 김진희, 이현아

제작 황장협 | **인쇄** 예림

Introduction

안드로이드 애플리케이션을 만든다는 것은 매우 흥미롭고 설레는 일입니다. 그러나 현실은 프로그래밍 언어를 알아야 하고 여러 가지 안드로이드 애플리케이션 개발 관련 사항들을 익혀야 하는 난관이 있습니다.

이 책은 프로그래밍을 모르는 사람 또는 시작하는 사람을 위해 최대한 쉽게 만들었습니다. 필자도 프로그래머가 아니었고 지금도 프로그래머는 아닙니다. 처음부터 안드로이드 애플리케이션 개발 공부를 하는데 많은 어려움을 겪었기 때문에 이 책에서는 앱 개발을 배우는 과정에서 초보자들이 느끼는 어려운 부분들을 해결하려고 노력하였습니다.

이 책에서는 안드로이드(Android) 앱(App) 개발에 필요한 개발 프로그램인 안드로이드 스튜디오(Android Studio)를 사용하며, 완성한 앱을 구글플레이(Google Play)에 등록하는 과정까지 다루고 있습니다.

이 책은 안드로이드 스튜디오(Android Studio) electric eel 2022.1.1 patch 1 환경에서 작성되었습니다.

이 책은 프로그램을 모르는 사용자나 처음 배우는 사용자를 중심으로 작성하였으므로 이 책을 통해 보다 쉽게 안드로이드 애플리케이션 개발 방법을 습득하고 좋은 아이디어로 좋은 애플리케이션을 만들어 배포하는 기회가 되었으면 합니다. 그리고 꼭 애플리케이션 개발 목적이 아니더라도 애플리케이션 개발에 흥미를 가지고 있는 안드로이드 사용자라면 누구나 쉽게 접할 수 있는 도서가 되었으면 좋겠습니다.

필자는 지금도 왕초보 개발자이고 열심히 안드로이드 애플리케이션을 공부하고 있습니다. 만일 안드로이드나 아이폰이나 애플리케이션 개발이 고급 개발자들만 접할 수 있도록 어려웠다면 그 많은 애플리케이션이 나올 수 있었을까라는 의구심을 가지고 시작해 보시기 바랍니다. 이 세상의 모든 언어나 개발 툴(Tools)은 누구나 어려움 없이 사용할 수 있게 하는 것은 언어나 개발 툴을 만들거나 배포하는 회사의 목표입니다. 그래야만 대중화에 성공할 수 있으니까요.

많은 분들이 이 책을 읽고 안드로이드 애플리케이션을 사용하는 사용자에서 앱을 개발하는 개발자로 되었으면 하는 작은 바램을 가져봅니다.

이 책이 나오기까지 도움을 준 사랑하는 가족 연재, 희주, 승우에게 감사를 드리며 이 책 출간에 많은 도움을 주신 영진닷컴에 감사의 말씀을 전합니다.

서창준 드림

차례
Contents

CHAPTER 1   **안드로이드 애플리케이션**

1-1   안드로이드 앱이란?

1-2   안드로이드 스튜디오(Android Studio)란?

1-3   안드로이드 개발 환경 설정

1-4   스마트폰 앱을 만드는 여러 가지 방법

1-5   안드로이드 스튜디오 살펴보기

CHAPTER 2   **코틀린 언어 훑어보기**

2-1   변수와 상수

2-2   함수

2-3   기본 자료형

2-4   조건문 / 반복문

2-5   클래스

2-6   컬렉션

2-7   람다

CHAPTER 3 안드로이드 앱 만들기 기초부터 고급까지

3-1   뷰의 개념

3-2   레이아웃

3-3   리스트

3-4   텍스트뷰

3-5   이미지뷰

3-6   체크박스

3-7   스크롤뷰

CHAPTER 4 실전 앱 만들기

4-1   버튼을 눌렀을 때 반응하는 기능

4-2   원하는 웹 사이트로 이동하는 기능

4-3   다른 화면으로 이동하기

4-4   간단한 브라우저 만들기

4-5   사운드 재생

4-6   나인패치 이미지

4-7   경고창 만들기

4-8   앱의 인트로 화면 만들기

4-9   애니메이션 효과주기

4-10   모바일 페이지 앱 만들기

4-11   전화번호 바로가기 앱 만들기

4-12   드럼박스 앱 만들기

4-13   디지털 액자 만들기

CHAPTER 5 **서비스 배포하기**

5-1   디바이스 테스트

5-2   구글 개발자 등록

5-3   구글 플레이 배포

CHAPTER 6 **앱 개발에 도움이 되는 정보**

6-1   모바일 광고 달기

이 책을 보는 법

이 책에서 작성된 모든 소스 코드는 영진닷컴 자료실(https://youngjin.com/reader/pds/pds.asp (영진닷컴 > 고객센터 > 부록CD 다운로드))에서 다운로드 할 수 있습니다.

동영상 강의

이 책에 대한 온라인 동영상 강의는 '영진닷컴 IT 유튜브 채널 (https://www.youtube.com/@IT-Youngjin)'과 '초보IT길라잡이 (https://www.youtube.com/@Beginner_IT_Pioneer/)'를 통해 동 영상 강의가 제공되고 있습니다.

영진닷컴
유튜브 채널
QR코드

스터디 카페

네이버 카페(개프로 – 개발자 되기 프로젝트): http://cafe.naver.com/codingbeginner/ **개프로** 카페에서 다양한 개발 꿀팁과 스터디 정보를 빠르게 얻을 수 있습니다.

ANDROID EASY APP

1. 안드로이드 앱이란?

2. 안드로이드 스튜디오(Android Studio)란?

3. 안드로이드 개발 환경 설정

4. 스마트폰 앱을 만드는 여러 가지 방법

5. 안드로이드 스튜디오 살펴보기

CHAPTER **1**

안드로이드 애플리케이션

안드로이드 애플리케이션

A N D R O I D · E A S Y · A P P

안드로이드 앱을 만들기 위해서는 개발에 사용되는 프로그램이나 여러 가지 요구사항들을 알아야 합니다. 안드로이드 개발에 필요한 여러 가지 요소들에 대해서 살펴봅니다.

1. 안드로이드 앱이란?

안드로이드(Android)란 우리가 흔히 데스크톱 PC에서 사용하는 윈도우(Windows) 운영체제와 동일한 개념입니다. 데스크톱 PC, 노트북, 스마트폰, 휴대폰 등 모든 장치에는 운영체제 같은 프로그램이 기본적으로 설치되어 있어야 합니다. 스마트폰에도 이와 같이 안드로이드(Android) 운영체제가 설치되어 있습니다. 운영체제처럼 다른 프로그램이 동작하는데 바탕이 되는 것을 플랫폼(Platform)이라고 부르기도 합니다.

이러한 운영체제인 안드로이드에서 사용할 수 있는 애플리케이션(Application)이 안드로이드 애플리케이션인데, 줄여서 앱(App)이라고 합니다. 앞으로 이 책에서도 앱(App)이라고 명명하겠습니다. 앱(App)은 우리가 스마트폰에서 사용하는 게임, 교육, 사진, 브라우저 등 다양한 소프트웨어를 말합니다.

▲ 구글 플레이 스토어(play.google.com)

안드로이드 앱은 구글 플레이 스토어(https://play.google.com) 사이트나 스마트폰의 해당 통신사 사이트에서 확인할 수 있고, 스마트폰을 통해서 다운로드할 수 있습니다. 안드로이드 앱은 안드로이드 운영체제 프로그램이 설치되어 있는 스마트폰에서 사용 가능하며 애플(아이폰, 아이패드) 또는 다른 운영체제 프로그램이 탑재된 스마트폰에서는 사용이 불가능합니다.

애플의 경우 앱 스토어(App Store)만 있는 반면, 안드로이드 앱을 다운로드할 수 있는 사이트는 앞에서 말한 것과 같이 구글 플레이 외에도 여러 개의 사이트가 존재합니다. 그 이유는 안드로이드 앱은 배포가 자유롭기 때문입니다. 구글에서 운영하는 구글 플레이의 경우에는 앱 등록 후에 바로 배포(앱의 다운로드 가능)가 가능하며, 특별한 경우 외에는 제한을 받지 않습니다.

국내에는 구글에서 운영하는 구글 플레이나 아이폰의 앱 스토어에 경쟁하기 위해 통합 운영체제 '원스토어(ONEstore)'를 오픈하였습니다.

또한 스마트폰 제조사 자체 앱 스토어도 있습니다. 삼성 갤럭시 폰을 구매하면 폰에 내장되어 있는 갤럭시 스토어(Galaxy Store)를 볼 수 있습니다.

▲ 원스토어(ONEstore)　　　　　　▲ 갤럭시 스토어(Galaxy Store)

안드로이드 앱은 앱의 특성상 설치 파일만 있으면 안드로이드 운영체제에서 설치가 가능하므로 독자적인 스토어가 만들어질 수 있습니다. 애플의 앱스토어와는 다르게 개방적이라고 생각할 수 있습니다.

반면, 애플의 폐쇄적인 앱 배포 정책은 배포하는 앱의 관리 측면에서는 효율적일 수 있으나, 사용자 측면에서는 이용에 다소 불편함을 느낄 수 있습니다. 하지만 사용자를 보호한다는 보안정책 차원에서는 장점이 될 수 있습니다.

오늘날 우리는 이런 서로 다른 특성과 장단점을 가지고 있는 안드로이드(Android)와 애플(iOS) 운영체제를 선택할 수 있는 시대에 살고 있습니다.

2. 안드로이드 스튜디오(Android Studio)란?

우리가 컴퓨터를 사용하여 작업 또는 개발을 하는 이유는 컴퓨터가 주는 편리함 때문입니다. 그러나 컴퓨터의 기본적인 기능만을 사용한다면 개발 시간을 단축시킬 수가 없습니다. 그래서 우리는 개발 관련 프로그램, 즉 툴(Tool)을 사용하여 개발에 들어가는 시간을 단축하고 있습니다. 한글 문서를 만들기 위해 아래한글 프로그램을 사용하는 것이 좋은 예시입니다. 이런 프로그램들은 개발 시간 단축 외에도 많은 편리함과 효율성을 제공합니다.

아래한글이나 파워포인트가 멋진 문서를 만들어주는 툴(Tool)인 것처럼, 이제 얘기하려고 하는 안드로이드 스튜디오(Android Studio)는 안드로이드 앱을 만들어 주는 개발 도구입니다. 구글에서는 몇 년 전까지만 해도 안드로이드 스튜디오라는 툴이 없었습니다. 애플이 아이폰의 위력으로 모바일 앱(App) 시장을 선점하고 있을 때 구글은 안드로이드 운영체제를 위한 앱 개발 툴로 '이클립스(Eclipse)'를 사용하였습니다. 이클립스는 자바를 비롯한 다양한 언어를 지원하는 프로그래밍 통합 개발 환경으로 오래전부터 개발에 사용해 오던 무료 공개형 개발자 툴입니다.

그러나 애플(Apple)은 이미 아이폰 앱 개발자를 위해 Xcode라는 전용 개발 툴을 아이폰 앱 개발자들에게 배포해 오고 있었습니다.

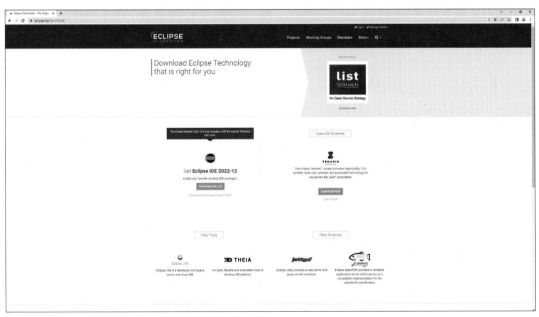

▲ 이클립스(Eclipse) 사이트 www.eclipse.org

그 후 구글은 안드로이드 앱 개발자들을 위해 구글만의 툴(Tool)이 필요하게 되었습니다. 개발자를 위해 보다 전문적인 안드로이드 앱 개발 기술을 지원하기 위해서입니다.

어떤 개발이든 개발 툴(Tool)에 익숙해진다는 것은 이미 개발을 반 이상 진행한 것이나 다름없습니다. 개발 툴(Tool)의 익숙함과 숙련도는 개발에 있어 필수 요소이며, 개발 진행 과정의 어려움을 극복하는 최고의 능력입니다.

안드로이드 스튜디오는 구글 안드로이드 개발자 사이트(https://developer.android.com)에서 무료로 다운로드할 수 있으며 설치 후 바로 사용이 가능합니다.

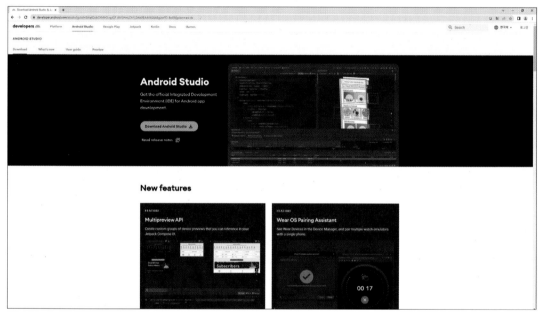

▲ 안드로이드 개발자 사이트(developer.android.com)

현재 이 책은 "Android Studio Electric Eel | 2022.1.1 Patch 1"을 기준으로 작성되었습니다.
이후 버전 업데이트에 따른 변경사항은 안드로이드 스튜디오 공식 사이트를 참조하기 바랍니다.
안드로이드 스튜디오에 대해서는 뒤에서 자세하게 배우게 될 것이므로 이 정도 소개로 마치도록
하겠습니다.

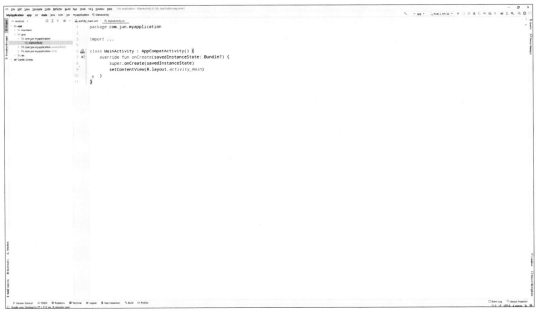

▲ 안드로이드 스튜디오(Android Studio) 실행 화면

3. 안드로이드 개발 환경 설정

안드로이드 스튜디오(Android Studio)는 안드로이드 앱 개발을 편리하게 하도록 만들어진 개발 툴(Tool)입니다. 안드로이드 개발 환경을 만드는 과정을 살펴봅니다.

안드로이드 스튜디오 설치

안드로이드 앱 개발 환경을 위해 먼저 안드로이드 스튜디오(Android Studio)를 설치하겠습니다.

안드로이드 스튜디오는 안드로이드 개발을 위해 프로그램을 작성하고 테스트하는 개발 도구로 개발자를 위해 구글에서 만들어 배포하고 있습니다. 안드로이드 스튜디오는 무료로 배포되며 구글 개발자 사이트를 통하여 다운로드할 수 있습니다.

구글 개발자 사이트(http://developer.android.com)를 방문하여 [DOWNLOAD ANDROID STUDIO] 버튼을 클릭합니다.

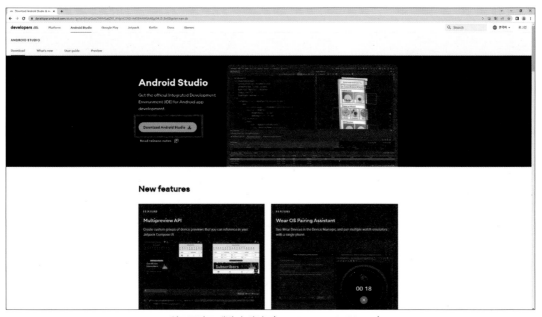

▲ 안드로이드 개발자 사이트(developer.android.com)

안드로이드 스튜디오 다운로드 관련 약관 동의를 클릭합니다. 윈도우용과 맥용, 안드로이드 스튜디오가 있으며 각 OS에 적합한 다운로드 버튼이 생성되므로 진행에 따라 버튼을 눌러 주면 됩니다.

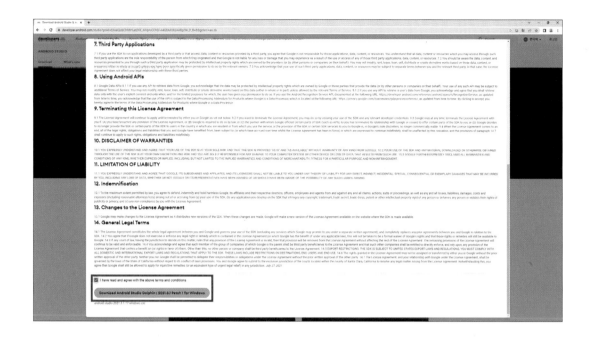

다운로드가 진행됩니다. 웹브라우저마다 다운로드 화면이 다르게 나타납니다. 다음 화면은 구글 크롬(Chrome) 브라우저의 모습입니다.

다운로드가 완료되었습니다. 다운로드한 파일을 마우스로 클릭하여 실행합니다.

[Next] 버튼을 누릅니다.

모두 체크를 한 후 [Next] 버튼을 누릅니다.

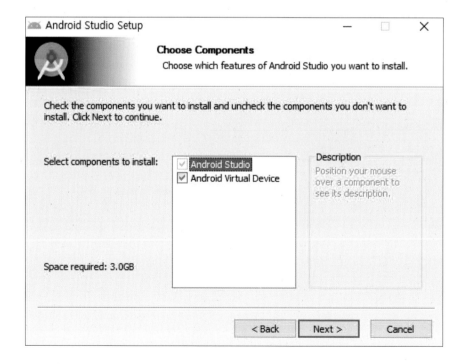

안드로이드 스튜디오 설치 경로를 설정하는 화면입니다. 설치 경로 변경이 필요하면 [Browse..]를 누르고, 아니면 [Next] 버튼을 누릅니다.

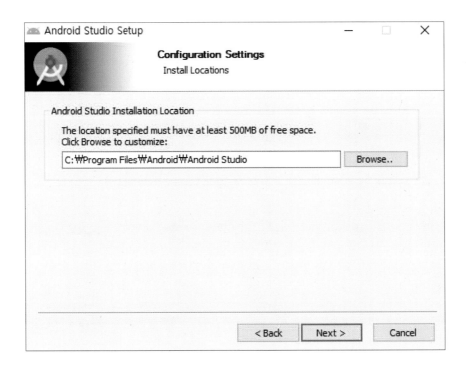

시작 메뉴 폴더 선택에서 [Install] 버튼을 누릅니다.

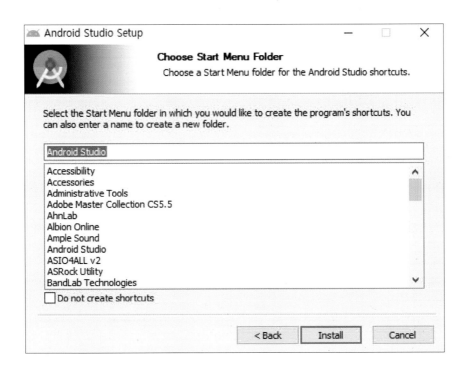

설치가 시작됩니다.

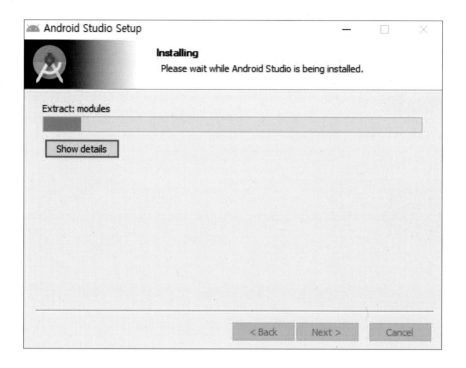

완료되면 [Next] 버튼을 누릅니다.

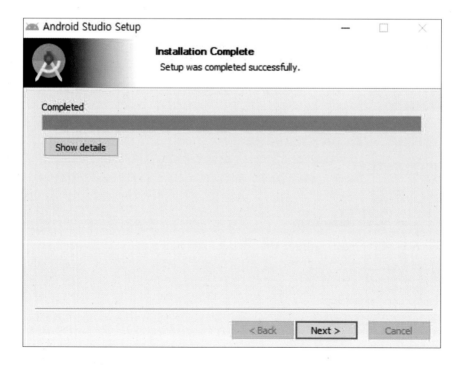

설치가 완료되었습니다. [Finish] 버튼을 누릅니다.

지금까지 안드로이드 스튜디오를 설치하는 과정에 대해 알아보았습니다. 이제 안드로이드 스튜디오를 실행해 보겠습니다.

안드로이드 스튜디오 실행

안드로이드 스튜디오의 시작 화면입니다. 설치가 완료되면 자동으로 시작되며, 만약 시작되지 않으면 실행 아이콘을 클릭하여 실행합니다. 화면에서 [Projects]를 클릭하여 안드로이드 스튜디오의 기본 프로젝트를 만들어 보겠습니다.

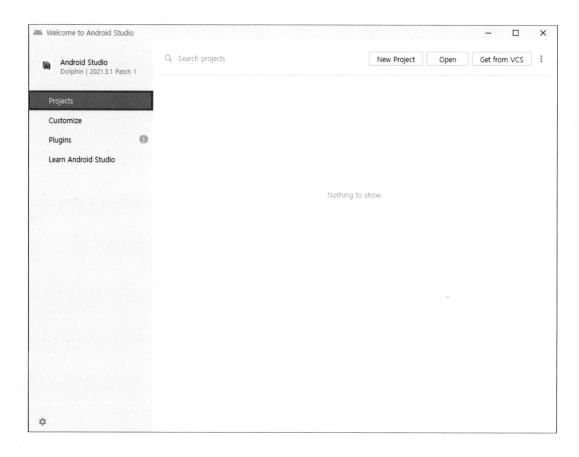

[Phone and Tablet]을 클릭합니다. 그리고 오른쪽의 템플릿 선택 화면에서 [Empty Activity]를 선택합니다. 템플릿은 기본적인 안드로이드 화면 구성을 제공합니다.

예를 들어 로그인 화면을 개발하려면 아이디와 비밀번호 입력 창을 구성하고 로그인 버튼을 만들어야 하는데, [Login Activity] 템플릿을 선택하면 기본적인 로그인 화면 구성이 되어 있는 상태를 제공하기 때문에 화면을 이용한 개발 부분만 추가하면 됩니다.

템플릿을 이용하면 앱 개발 속도를 단축시킬 수 있습니다. 이 책은 기초 입문서이기 때문에 비어 있는 화면 구성인 Empty Activity를 선택하겠습니다. 'Activity(액티비티)'는 앱 화면이라고 생각하면 됩니다.

[Empty Activity]를 선택했다면 [Next]를 클릭합니다.

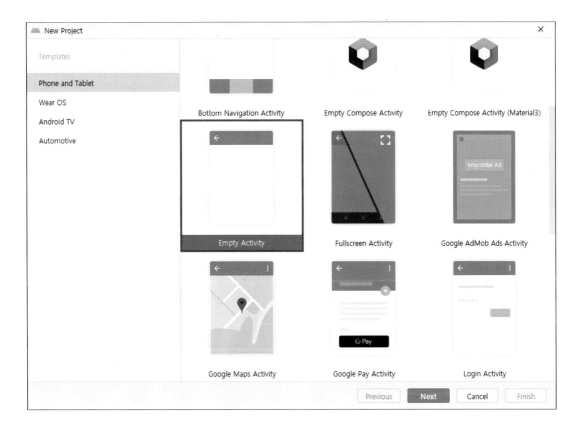

앱 이름과 저장 경로, 언어 선택 등을 하는 화면을 볼 수 있습니다. 우리는 코틀린(Kotlin)으로 안드로이드 앱을 만들 것이므로 Language는 Kotlin을 선택합니다.

코틀린은 안드로이드의 새로운 언어입니다. 그동안은 자바(JAVA)가 안드로이드 앱을 개발하는 언어였지만 최근 코틀린이라는 언어가 추가되었습니다. 코틀린은 자바가상머신(JVM)에서 동작하는 언어로 젯브레인(JetBrains)이라는 회사에서 2011년에 공개한 언어입니다. 그동안 많은 언어의 안정성이 검증되었는데, 안드로이드는 코틀린을 앱 개발 언어로 선택하였습니다.

구글이 안드로이드 앱 개발 언어로 코틀린이라는 언어를 선택한 이유에 대해서는 여러 가지 추측들이 있는데, 애플의 아이폰 앱 개발에서도 스위프트(Swift)라는 언어가 추가되었듯이 안드로이드 개발을 위한 전용 언어로 자리매김하려는 의도로 볼 수 있습니다.

이제 코틀린을 선택하고 [Finish]를 선택합니다.

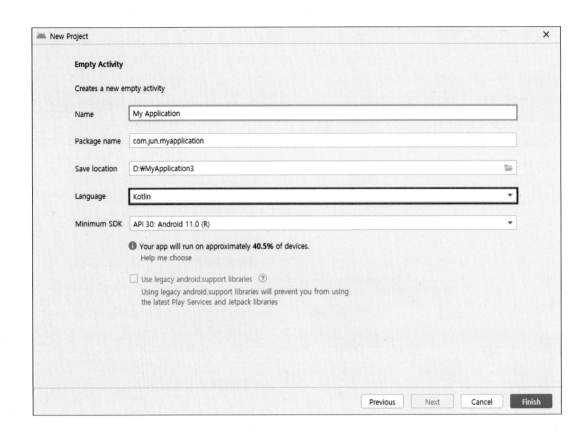

안드로이드 기본 앱 구성이 완료되었습니다. 이 화면을 시작으로 앱을 만드는 것입니다.

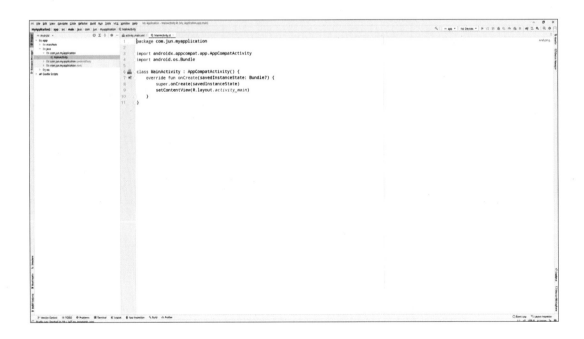

그럼 이 상태에서 실행을 해 보겠습니다. 기본적인 코드는 이미 구성이 되어 있으므로 기본 앱 실행이 됩니다. 아무 기능은 없습니다.

먼저 앱을 실행해서 보여줄 화면이 필요합니다. 안드로이드 스튜디오가 설치되어 있는 PC에 스마트폰을 연결해서 실행해도 되지만 스마트폰을 사용할 수 없는 상황인 경우에는 소프트웨어적인 스마트폰, 즉 가상의 스마트폰을 만들어야 합니다. 일종의 에뮬레이터(Emulator)인데 AVD(Android Virtual Device)라고 하는 것입니다. 현재 만들고 있는 안드로이드 앱을 테스트할 수 있는 기능을 가진 소프트웨어적인 스마트폰이라고 생각하면 됩니다.

과거에는 에뮬레이터인 AVD의 테스트 실행이 매우 느려서 실제 스마트폰을 연결해서 테스트하는 방법이 더 빠르고 좋았지만, 최근에는 성능이 개선되면서 속도도 많이 빨라졌습니다.

그럼 지금부터 AVD(Android Virtual Device)을 만들어 보겠습니다. 화면 우측 상단의 스마트폰 모양 아이콘을 누릅니다

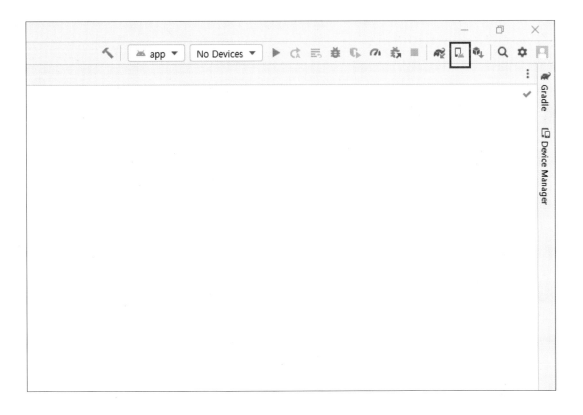

우측 분할 화면이 생깁니다. [Create device]를 누릅니다.

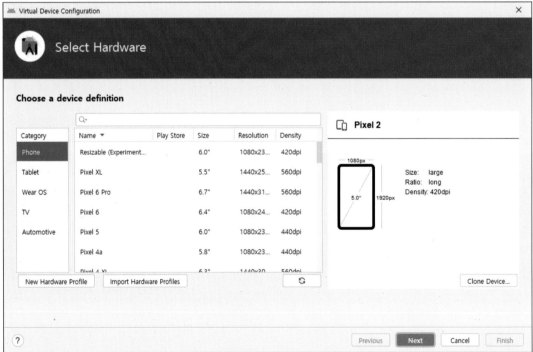

각각 옵션이 다른 디바이스들이 있습니다. 안드로이드가 설치되어 있는 PC 사양에 따라 선택하면 됩니다. PC 사양에 문제가 없다면 최신 가상 디바이스를 선택하면 됩니다. 여기에서는 Nexus One을 선택하겠습니다. 선택 후 [Next]를 누릅니다.

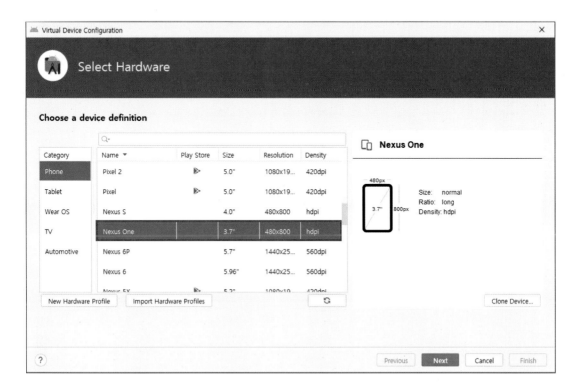

안드로이드 운영체제(OS: Operating System) 버전을 선택합니다. 여기서는 R을 선택하겠습니다.

필자는 안드로이드 스튜디오가 설치된 PC의 사양을 고려하여 안드로이드 11을 선택한 것이므로 안드로이드 최신 버전을 선택해도 됩니다. R은 안드로이드 버전 11의 비공식 이름으로 Redvelvetcake를 의미한다고도 합니다. 안드로이드 버전 이름은 음식 종류로 명명되고 있습니다. 현재 집필 시점의 안드로이드 최신 버전은 안드로이드 13 티라미수(Tiramisu)입니다.

선택한 버전의 다운로드 버튼을 누른 후 [Next]를 누릅니다.

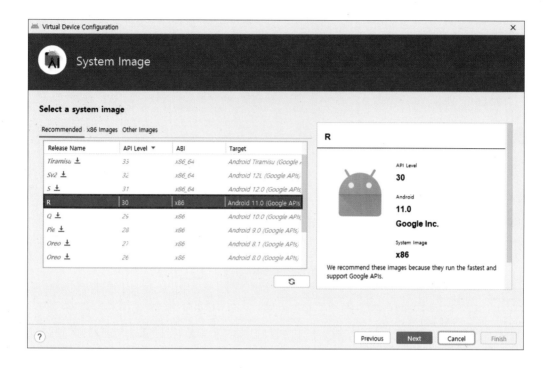

다음은 선택된 디바이스의 세부 설정을 하는 화면인데 무시하고 [Finish]를 누릅니다.

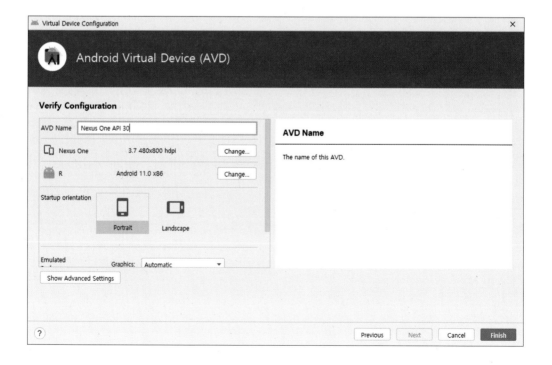

이제 가상 스마트폰 하나가 생성되었습니다.

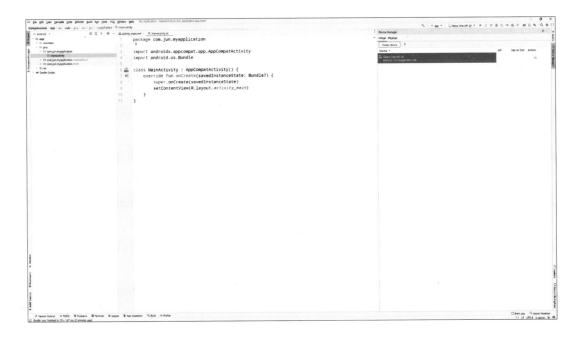

가상 디바이스(스마트폰)이 선택된 상태에서 상단의 실행 아이콘 ▶을 누릅니다.

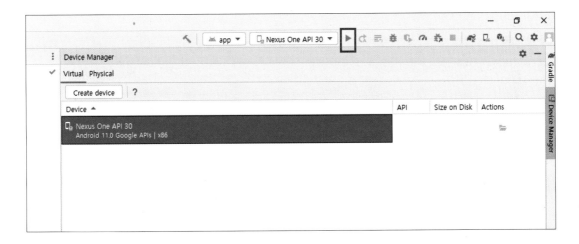

실행 후 하단에 스마트폰이 실행된 것을 볼 수 있습니다.

아무런 코딩을 하지 않은 기본적인 앱 화면이라고 생각하면 됩니다.

빨간색 박스 안의 아이콘을 누르면 스마트폰의 전원, 볼륨조절, 스크린샷 등의 기능을 사용할 수 있습니다.

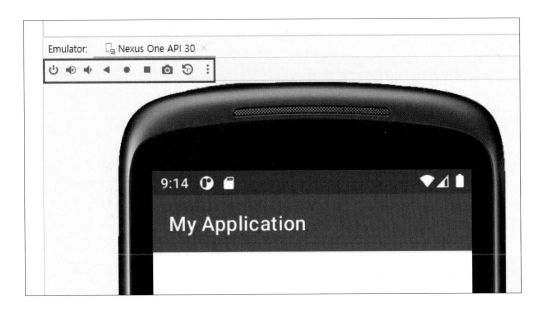

아이콘에 마우스를 올리면 풍선 도움말에 이름이 나와서 어떤 기능을 하는지 짐작할 수 있습니다. 이런 풍선 도움말 기능은 이 아이콘 외에도 찾아 볼 수 있으니 앞으로 유용하게 사용하기 바랍니다. 그리고 현재 스마트폰은 안드로이드 스튜디오 내에 있습니다. 별도로 새 창을 띄워서 가상 스마트폰을 보고 싶다면 우측 상단의 설정 아이콘을 누릅니다.

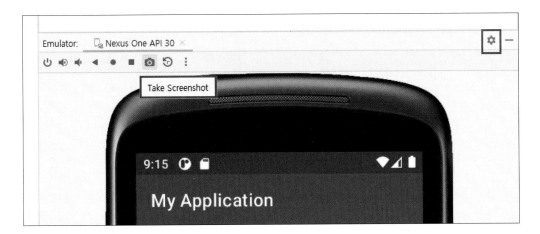

다음과 같은 메뉴가 나타나면 View Mode > Window를 선택합니다.

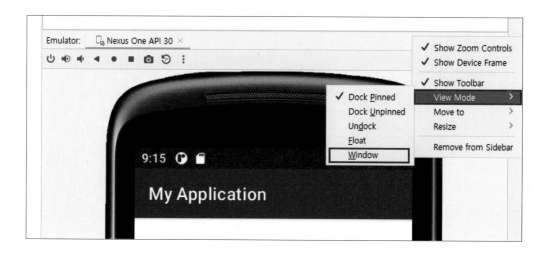

이제부터는 새 창에 뜬 가상 스마트폰을 볼 수 있습니다.

안드로이드 스튜디오를 설치한 후에 업데이트 알람이 뜨면 업데이트를 해 주는 것이 좋습니다. 업데이트는 오류에 대한 것일 수도 있고 더 좋은 기능에 대한 업데이트일 수도 있습니다.

안드로이드 스튜디오 우측 하단에 알람이 뜨면 Update…를 누릅니다.

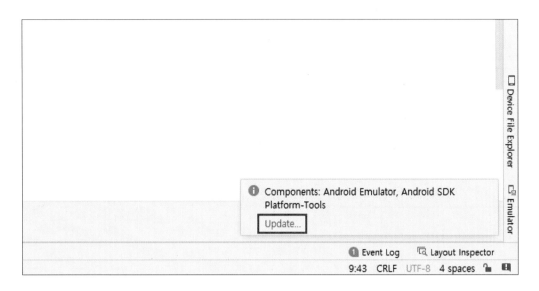

다음과 같은 화면이 나옵니다. [Update Now]를 누릅니다.

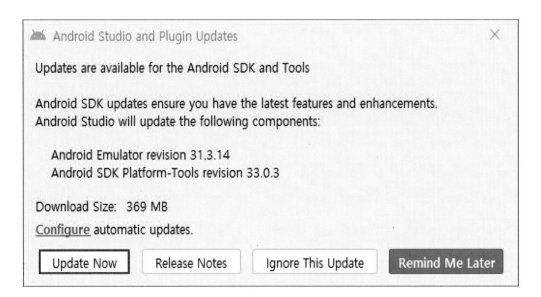

다운로드가 진행됩니다.

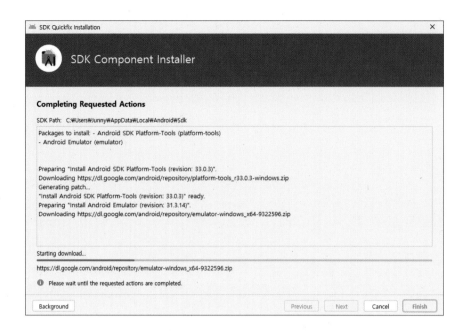

[Finish]를 눌러 업데이트를 완료합니다.

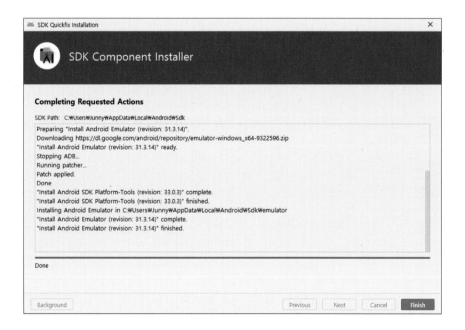

업데이트는 안드로이드 스튜디오 외에도 모든 프로그램에서 필수적인 사항입니다. 업데이트 사항이 발생하면 가급적 업데이트를 하기 바랍니다.

자바 환경 변수 설정

안드로이드 스튜디오는 자바(JAVA) 언어 기반의 SDK(Software Development Kit)를 사용합니다. SDK는 말 그대로 소프트웨어 개발 키트입니다. 이후에 배우게 되겠지만 프로그램을 만드는, 즉 코딩(Coding)을 하는 것 자체만으로는 기능이 동작되지 않습니다. 즉 앱을 만들 수 없습니다. 코딩을 하는 것 하나하나가 기본적으로 내장되어 있는 다양한 기능들을 사용하는 것입니다. 이런 다양한 기능들을 모아둔 것이 SDK라고 할 수 있습니다.

SDK는 안드로이드 스튜디오 외에도 프로그램 개발 툴에는 대부분 존재합니다. 안드로이드 스튜디오를 설치하는 동안에 설치되기도 하며 이후에도 설치를 해야 되는 상황이 발생합니다.

그러므로 이번 장에서는 SDK 환경 변수 설정에 대해 설명하겠습니다. 이는 반드시 필요한 과정은 아니므로 안드로이드 스튜디오 실행이 된다면 무시하고 넘어가도 좋습니다. 환경 변수 설정의 의미는 PC의 어느 경로에서도 SDK를 실행할 수 있게 하는 것이라고 생각할 수 있습니다.

우선 환경 변수 설정에 대해 윈도우 10 기준으로 설명하겠습니다. 윈도우 탐색기의 내 PC에서 마우스 우측 클릭 후 메뉴가 보이면 속성을 누릅니다.

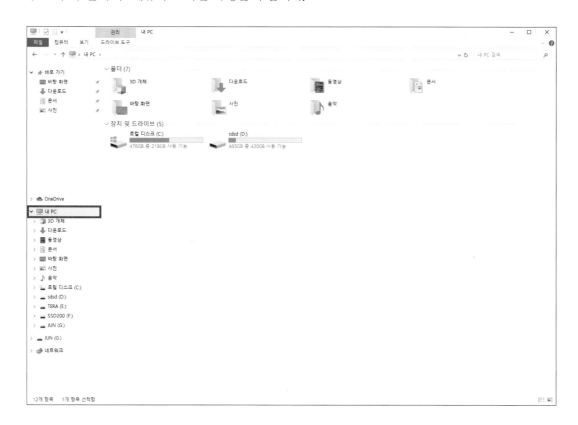

제어판의 시스템 화면에서 [고급 시스템 설정]을 클릭합니다.

시스템 속성 창이 뜨면 [환경 변수]를 클릭합니다.

[새로 만들기]를 클릭합니다.

새 시스템 변수창이 나오면 변수 이름을 JAVA_HOME이라고 입력합니다. 다른 이름으로 적어도 상관없습니다. 그리고 변숫값은 자바가 설치되어 있는 경로를 적습니다. 예를 들어 C:\Program Files\Java\jdk1.8.0_05… 와 같이 경로 폴더까지 적습니다. 경로에 따라 다를 수 있는데, JAVA 설치 폴더의 jdk로 시작되는 폴더 경로를 적으면 됩니다. 다 적었으면 [확인] 버튼을 클릭합니다.

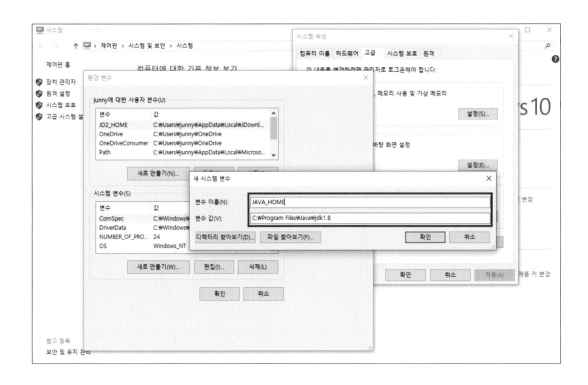

다음 그림과 같이 시스템 변수의 변수 리스트를 보면 Path라고 하는 변수가 있습니다. 선택한 후 마우스로 두 번 클릭을 하거나 [편집] 버튼을 클릭합니다.

그럼 다음과 같은 창이 나오는데 여기에 ;%JAVA_HOME%\bin 라고 적어줍니다. 그리고 [확인] 버튼을 누릅니다.

이제 환경 변수 설정이 끝났습니다. 테스트를 하려면 윈도우 10 검색 아이콘을 누르고 검색 창에 cmd라고 입력한 후 Enter를 치면 명령 프롬프트 창이 실행됩니다. javac라고 입력한 후 엔터를 치면 그림과 같이 설명들이 나옵니다. 그럼 정상적으로 설치가 된 것입니다.

다시 한번 정리를 하자면, 환경 변수 설정은 PC의 어느 경로에서나 자바 SDK 실행이 가능할 수 있도록 설정하는 것으로 생각하면 됩니다.

4. 스마트폰 앱을 만드는 여러 가지 방법

스마트폰 앱 개발에는 안드로이드 스튜디오를 사용하는 방법 외에도 다양한 방법이 있습니다. 안드로이드 스튜디오를 이용하여 자바나 코틀린 언어로 개발한 앱을 네이티브(Native) 앱이라고 합니다.

그 외의 방법으로 앱을 만들었다면 하이브리드 앱(Hybrid App), 웹 앱(Web App) 등으로 부릅니다.

최근 네이티브(Native) 앱 개발 방법 이외에 주목받고 있는 앱 개발 방법으로 플러터(Flutter)와 자마린(Xamarin) 등이 있습니다.

플러터는 구글, 자마린은 마이크로소프트에서 지원하고 있는 개발 플랫폼입니다. 플러터는 다트, C, C++를 이용하여 개발을 할 수 있으며, 자마린은 C#을 이용하여 앱을 만들 수 있습니다. 더 자세한 관련 정보는 개발자 사이트를 참조하기 바랍니다.

▲ 플러터(Flutter) 개발자 사이트(flutter-ko.dev)

▲ 자마린(Xamarin) 개발자 사이트(dotnet.microsoft.com/ko-kr/apps/xamarin)

또한 리액트 네이티브(React Native), 코도바(Cordova), 아이오닉(Ionic) 등이 있으며 크로스 플랫폼을 제공합니다. 크로스 플랫폼(Cross Platform)은 모든 디바이스에서 최적의 화면을 제공하는 것을 의미하며, 하나의 소스로 개발이 되면 스마트폰 앱용으로 만들 수 있고 웹으로도 사용할 수 있습니다.

하나의 코딩으로 많은 디바이스에서 사용할 수 있는 앱을 만든다는 것은 여러 가지 비용이나 시간을 절약할 수 있는 반면, 네이티브 앱보다는 빠른 기술 지원이나 업데이트 문제의 지연이 발생할 수도 있습니다.

5. 안드로이드 스튜디오 살펴보기

안드로이드 스튜디오(Android Studio)에 대해 좀 더 자세한 사항을 학습하고, 안드로이드 개발에 필요한 화면 구성의 레이아웃에 대해 알아보겠습니다. 또한 에러 발생 시 해결 방법도 함께 알아봅니다.

안드로이드 스튜디오 구성

안드로이드 앱은 주로 안드로이드 스튜디오라는 개발 툴을 이용하여 개발이 이루어지는데, 초보자가 보기에는 다소 어렵게 느껴질 수 있습니다. 그래서 안드로이드 스튜디오의 전체적인 기능 설명을 통해서 안드로이드 앱 개발에 대해 좀 더 이해할 수 있는 시간을 갖도록 하겠습니다.

먼저 안드로이드 스튜디오를 실행하고 [New Project]를 누릅니다.

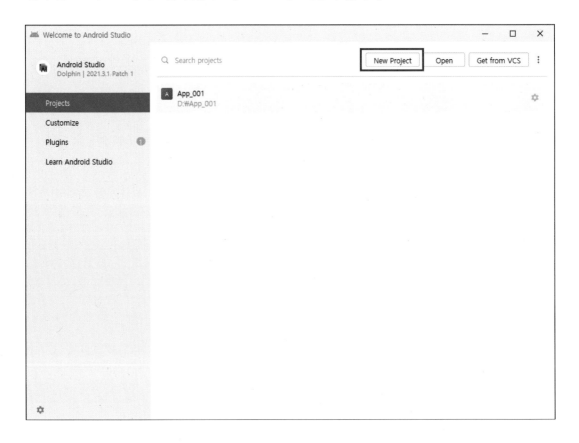

다음 화면이 나오면 [Empty Activity]를 누릅니다. 아무런 기능이 없는 기본 앱이라고 생각하면 됩니다.

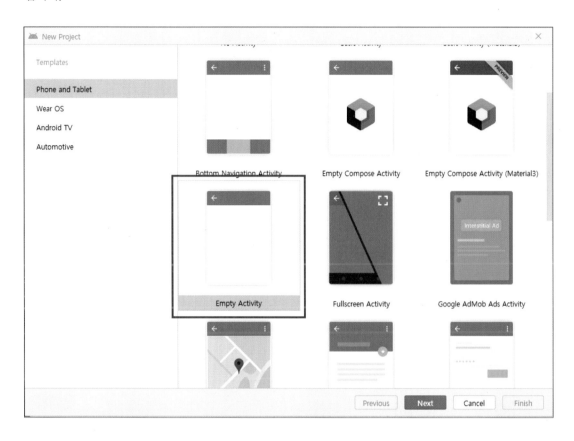

앱 이름 및 기타 설정을 하는 화면입니다. 'App10'이라고 Name에 입력하고, 언어를 선택하는 Language는 Kotlin으로 선택합니다. 그리고 [Finish]를 누릅니다.

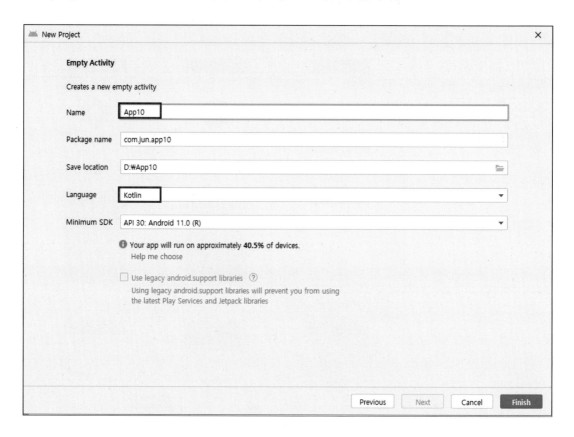

다음과 같이 안드로이드 앱 프로젝트가 만들어졌습니다.

각각 영역에 대한 설명은 다음과 같습니다.

ⓐ 프로젝트 파일 창: 프로젝트 앱을 구성하는 파일 손새 넝넉

ⓑ 편집기 창: 실제 파일에 대한 프로그램을 작성하는 영역

ⓒ 도구 창: 오류나 진행 상황을 보여주는 영역. 이 영역이 보이지 않는 경우 화면 우측 하단의 Event Log 탭을 누르기 바랍니다.

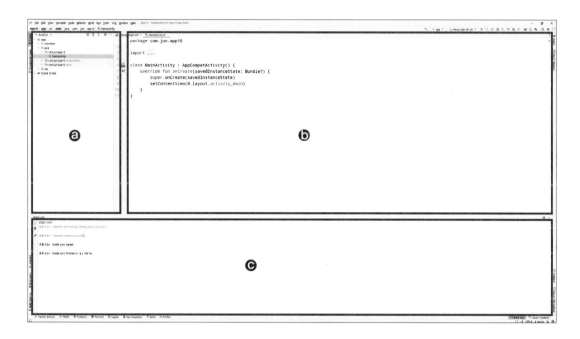

왼쪽의 프로젝트 영역에서 나타나 있는 폴더 중에 주요 폴더를 알아보도록 하겠습니다.

app/java 폴더: 작성된 파일들이 들어있는 폴더입니다. 프로그램 코딩(Coding)을 직접 작성한 파일이 있는 폴더입니다.

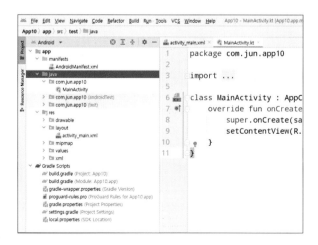

app/AndroidManifest.xml: 앱에 관한 정보를 가지고 있는 파일입니다.

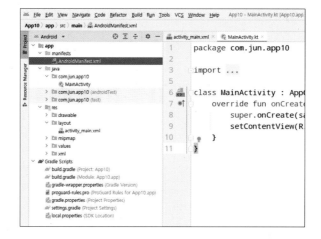

app/res: 앱의 화면을 구성하는 리소스 폴더입니다.

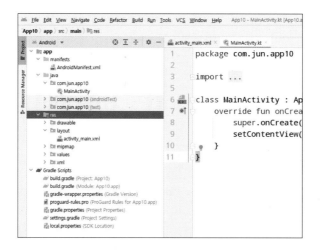

Gradle Scripts: 앱을 만들어 배포하는 도구입니다.

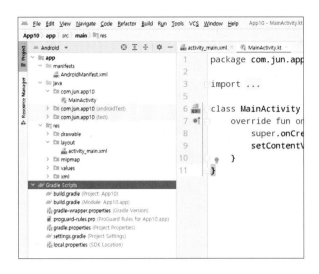

우측 하단에 두 개의 탭이 있습니다. 하나는 Event Log이고 또 하나는 Layout Inspector입니다. 프로그램 작성 중에 자동으로 나타나기도 하는데, 나타나지 않으면 직접 탭을 눌러주면 됩니다. Event Log는 오류나 프로그램의 변화에 대한 내용을 보여주는 것이고, Layout Inspector는 화면 관련 사항을 보여주는 것 정도로 이해하면 됩니다. 앞으로 프로그램을 학습하면서 이 영역들이 어떠한 경우 보이는지 더 잘 알 수 있을 것입니다.

자동으로 입력된 코드가 있습니다. Import …라고 되어 있는 코드가 있는데 마우스로 그 부분을 눌러 봅니다.

그럼 자세한 내용이 보이는 것을 확인할 수 있습니다. 안드로이드 스튜디오에서는 이렇게 코드를 간략화해서 보여줍니다.

```
import …
class MainActivity: AppCompatActivity() {
    override fun onCreate(savedInstanceState: Bundle?) {
            //super.onCreate(savedInstanceState)
            setContentView(R.layout.activity _ main);
    }
}
```

그리고 색깔 구분이 되어 있는 코드 위에 마우스를 커서를 올려 놓으면 세부 내용의 풍선 도움말이 나타나는 것을 볼 수 있습니다. 이 부분은 나중에 코드 작성에 도움을 줄 수 있는 참고 자료로 사용됩니다.

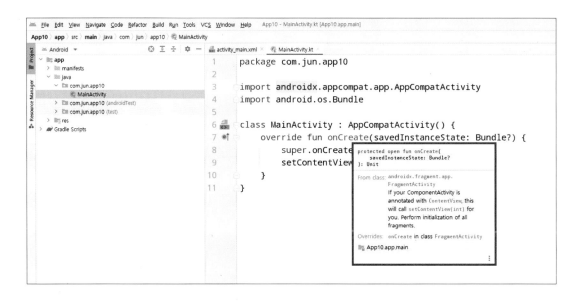

이번에는 자동완성 기능에 대해 알아보겠습니다. 그림과 같이 코드를 일부 지우고 기다리거나 Ctrl + Space Bar 를 누르면 관련 코드 목록이 나오게 됩니다. 그래서 코드 작성의 오타를 최소화하는데 도움이 되고 연관성 있는 코드들을 볼 수 있습니다.

지금까지 안드로이드 스튜디오에 대해 알아보았습니다. 안드로이드 스튜디오는 설명한 것 외에 더 많은 기능들을 가지고 있습니다. 앞으로 학습을 하거나 코드를 직접 작성하면서 알아 갈 수 있습니다.

레이아웃 구성

안드로이드 앱의 화면을 구성하는 레이아웃에 대해서 알아보겠습니다. 레이아웃은 XML로 이루어져 있어서 초보 개발자들이 보기에는 어려울 수 있습니다. 그러나 개념을 이해하면 많은 도움이 되리라 생각합니다.

res/layout/ 폴더의 activity_main.xml을 누릅니다. 그럼 다음과 같은 화면이 나타납니다. 자동 생성된 텍스트인 Hello World!가 있습니다. 이 글씨를 삭제하겠습니다. 마우스로 클릭을 하고 Delete 키를 누릅니다.

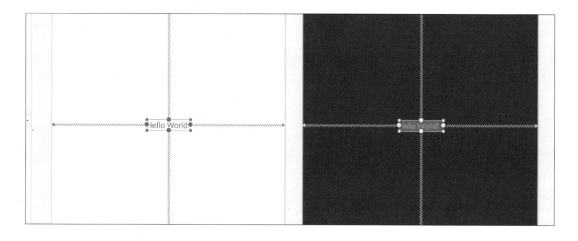

팔레트(Palette)에서 버튼(Button)을 하나 마우스로 끌어서 화면 다음과 같이 화면에 올려놓습니다.

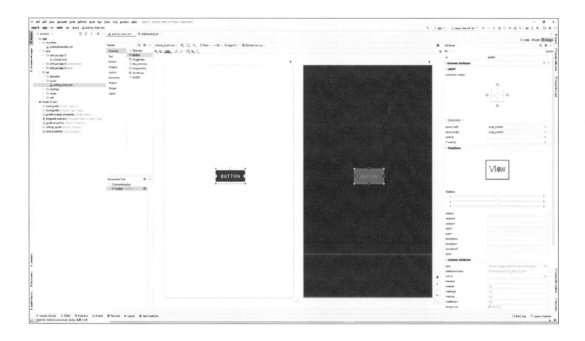

그럼 버튼이 올라간 화면을 이루는 코드들은 어떻게 되어 있을까요? 마우스로 우측상단의 Code, Split, Design 탭 버튼을 누르면 코드, 레이아웃 화면, 속성을 볼 수 있으므로 내가 원하는 화면을 설정하여 구성하면 됩니다.

코드를 보기 위하여 [Code] 탭을 누릅니다. 코드는 다음과 같이 표시됩니다.

```xml
<?xml version="1.0" encoding="utf-8"?>
<androidx.constraintlayout.widget.ConstraintLayout xmlns:android="http://schemas.android.com/apk/res/android"
    xmlns:app="http://schemas.android.com/apk/res-auto"
    xmlns:tools="http://schemas.android.com/tools"
    android:layout_width="match_parent"
    android:layout_height="match_parent"
    tools:context=".MainActivity">

    <Button
        android:id="@+id/button"
        android:layout_width="wrap_content"
        android:layout_height="wrap_content"
        android:text="Button"
        app:layout_constraintBottom_toBottomOf="parent"
        app:layout_constraintEnd_toEndOf="parent"
        app:layout_constraintStart_toStartOf="parent"
        app:layout_constraintTop_toTopOf="parent" />
</androidx.constraintlayout.widget.ConstraintLayout>
```

버튼에 대한 코드가 생겨난 것을 볼 수 있습니다. 각각의 코드들은 의미가 있습니다.

android:id : 버튼을 지정합니다.

android:layout_width : 버튼의 폭을 정합니다.

android:layout_height : 버튼의 높이를 정합니다.

android:layout_alignParentStart : 버튼을 왼쪽으로부터 배치합니다.

android:layout_alignParentTop : 버튼을 위쪽으로부터 배치합니다.

android:layout_width의 wrap_content를 fill_parent로 변경해 보겠습니다. 변경을 하고 저장합니다. 우측 미리보기 화면을 보면 버튼이 늘어난 것을 볼 수 있습니다. android:layout _width= "fill_parent"는 버튼을 좌우로 채우게 합니다.

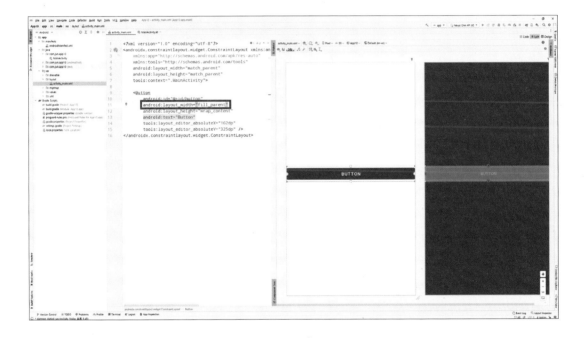

이번에는 android:layout_height의 wrap_content를 fill_parent로 변경해 보겠습니다. fill을 입력하고 이전에 배운 단축키 [Ctrl] + [Space Bar]를 누르면 fill_parent로 자동 완성되는 것을 확인할 수 있습니다. 우측 미리보기를 보면 버튼 모양이 변경되어 있는 것을 볼 수 있습니다.

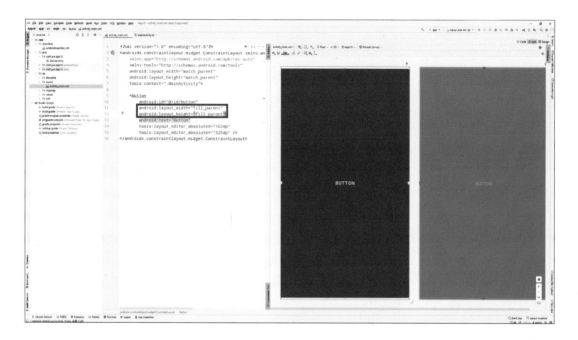

```
android:layout _ width="fill _ parent"
android:layout _ height="fill _ parent"
```

우측 상단의 초록색 실행 버튼(▶)을 눌러 에뮬레이터로 실행해 보겠습니다. 큰 버튼이 만들어진 것을 볼 수 있습니다. 버튼을 누르면 버튼이 눌러지는 효과가 나타나는 것을 확인할 수 있습니다.

다시 버튼의 위 아래 높이 android:layout_height를 wrap_content로 변경하여 버튼의 높이를 줄이겠습니다. 버튼의 미리보기를 누르면 중앙에 위치하는 것을 볼 수 있습니다.

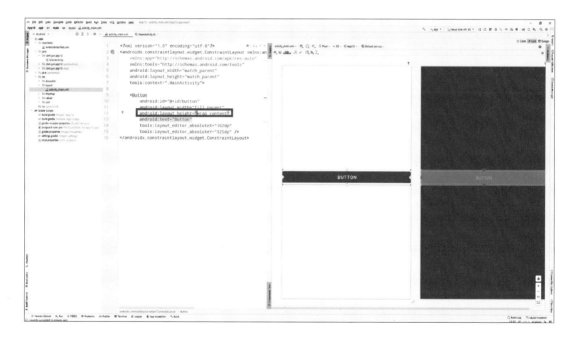

```
android:layout _ height="wrap _ content"
```

초록색 실행 버튼(▶)을 눌러 에뮬레이터로 실행해 보겠습니다. 버튼이 화면 위로 올라간 것을 볼 수 있습니다.

안드로이드 스마트폰의 크기는 매우 다양하기 때문에 버튼의 위치가 절대적이지 않습니다. 스마트폰 화면의 크기에 따라서 버튼의 위치가 다를 수 있습니다. 버튼뿐만 아니라 다른 구성요소들도 마찬가지입니다. 안드로이드 스튜디오에는 이러한 화면 배치 문제를 개선하기 위해 위치를 정할 수 있는 기능이 있습니다. 지금부터 버튼의 위치에 대해 학습해 보겠습니다. 이와 관련하여 다양한 안드로이드 스마트폰의 사이즈에 대응하기 위한 또 하나의 방법인 나인패치(Nine Patch)도 Chapter 4에서 설명하고 있습니다.

버튼을 누르면 상하좌우에 선을 연결할 수 있는 점이 나타납니다. 위의 점을 마우스로 눌러 드래그하면 화살표가 늘어납니다. 화면 상단에 연결합니다.

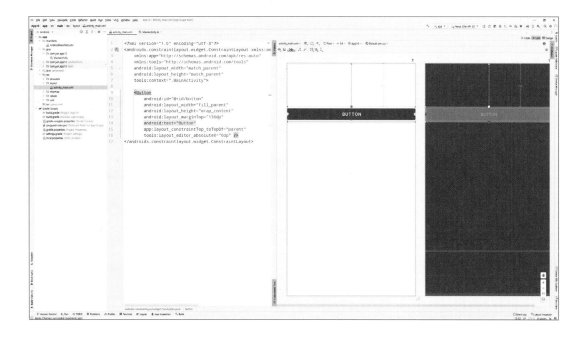

버튼 아래도 동일하게 연결합니다.

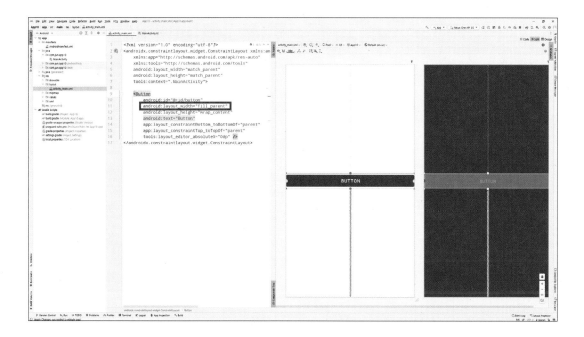

선을 삭제하기 위해서는, 삭제를 원하는 위치의 시작점을 마우스로 누르고 Delete 키를 누르면 삭제됩니다.

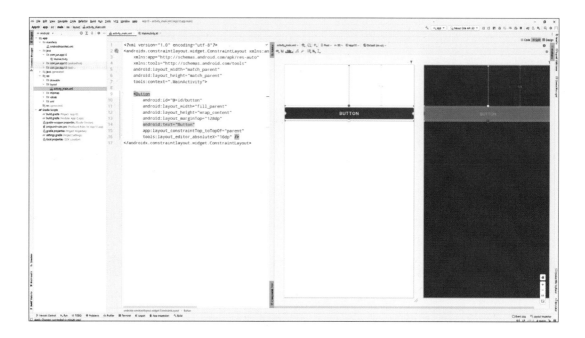

위아래 연결이 다 되었습니다. 실행 버튼(▶)을 눌러 에뮬레이터로 실행해 보겠습니다.

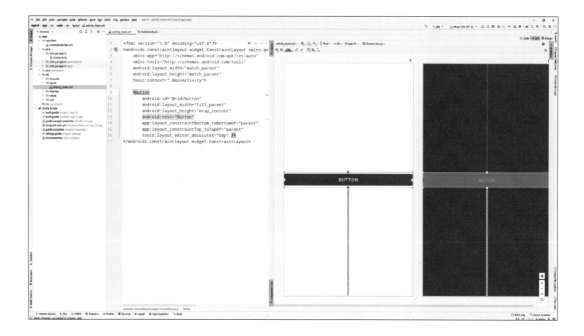

실행이 되면 버튼이 중앙에 위치하는 것을 확인할 수 있습니다.

이번에는 버튼의 가로 길이를 줄이겠습니다. android:layout_width="wrap_content"로 수정합니다. 우측 미리보기 버튼이 줄어든 것을 볼 수 있습니다.

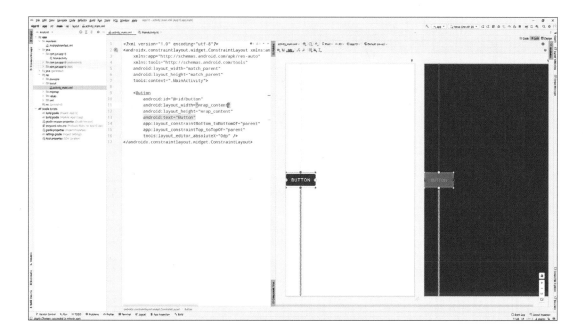

버튼에 좌우상하 선을 연결하고 우측 상단의 적당한 위치에 버튼을 마우스로 선택한 후 이동시킵니다.

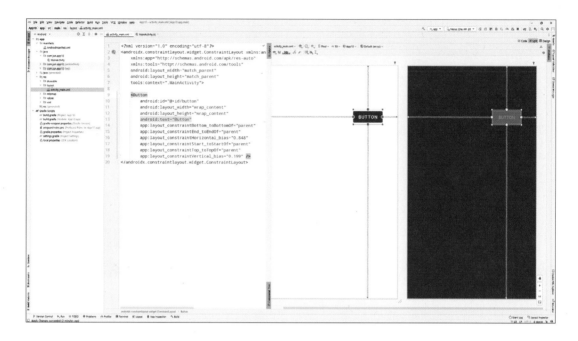

실행 버튼(▶)을 눌러 에뮬레이터로 실행해 보면 다음과 같이 버튼이 원하는 위치에 있는 것을 알수 있습니다. 이처럼 다양한 안드로이드 스마트폰의 화면에서 보이는 상대적인 경로는 이렇게 버튼의 선 연결로 설정할 수 있습니다.

지금까지 레이아웃을 구성하는 XML 코드에 대해 알아보았습니다. 이 외에도 많은 XML이 코드들이 있습니다.

코드	설명
android:layout_alignTop	위쪽 정렬
android:layout_alignLeft	우측 정렬
android:layout_alignRight	좌측 정렬
android:layout_alignBottom	아래쪽으로부터의 정렬
android:layout_above	위쪽 배치
android:layout_below	아래쪽 배치
android:layout_centerInParent	전체 화면의 가운데 정렬
android:layout_centerHorizontal	수평 정렬
android:layout_centerVertical	수직 정렬

dp, px, pt가 주로 사용되는 단위로 dp는 dpi를 의미하고, px은 픽셀, pt는 포인트를 의미합니다. 값들을 변경한 후에 변화되는 것을 확인하면서 학습하는 것이 개발을 좀 더 빨리 이해하는 길입니다. 두려워하지 말고 하나하나 변경을 하면서 확인하고 이해하는 시간을 갖기 바랍니다.

에러와 해결

여러분은 앞으로 개발을 진행하면서 많은 오류를 경험하게 되고 시련에 빠지기도 하고 기쁨을 맛보기도 할 것입니다. 여기서는 오류와 부딪히게 되면 어떻게 해결을 해야 하는지에 대해 알려드리도록 하겠습니다.

앞에서 화면에 나타나는 버튼의 레이아웃 속성에 대해 알아보았습니다. 개발을 하다 보면 오류를 점검하거나 테스트가 필요하게 될 때, 일정 코드 부분의 전체 기능을 멈추고 부분적으로 코드를 실행하며 오류를 해결해야 하는 경우가 있습니다. 이때 사용하는 것이 주석입니다. 다음과 같이 버튼이 나타나는 화면을 보겠습니다.

super.onCreate(savedInstanceState)의 기능을 할 수 없게 해 보겠습니다. 이를 위해 앞에 주석 표시인 //를 입력합니다. 그러면 다음과 같이 회색으로 표시가 됩니다. 기능을 하지 않는다는 표시입니다. 실행 버튼(▶)을 누르면 에러가 발생하는 것을 볼 수 있습니다.

```
package com.jun.app10

import androidx.appcompat.app.AppCompatActivity
import android.os.Bundle

class MainActivity: AppCompatActivity() {
    override fun onCreate(savedInstanceState: Bundle?) {
        //super.onCreate(savedInstanceState)← 주석 처리되어 동작하지 않는 코드
        setContentView(R.layout.activity _ main);
    }
}
```

코드를 지우는 것이 아니라 가급적 주석으로 처리합니다. 예를 들어 최근에 추가한 코드에 주석을 달아보고 지우고 하면 어디에서 에러가 발생했는지 오류 부분을 찾을 수 있습니다.

그럼 이 외의 다른 에러들은 어떻게 해결을 하는 것이 좋을까요? 고의로 오류를 내어 어떻게 해결하는지 알아보겠습니다. super.onCreate(savedInstanceState) 문장의 제일 앞의 s를 대문자로 변경해 보겠습니다. 변경한 후 상단의 초록색 실행 버튼(▶)을 눌러 실행합니다.

자바나 코틀린 언어는 대소문자를 구분하기 때문에 화면 하단의 영역에 에러가 발생하는 것을 알수 있습니다. 에러가 발생한 부분을 마우스로 선택한 후 Ctrl+C를 눌러 복사합니다.

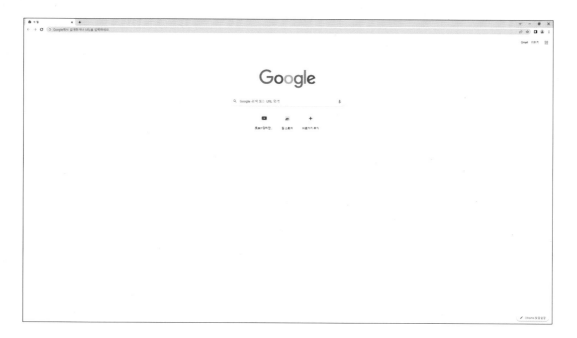

그리고 구글 검색 페이지(http://www.google.co.kr)로 이동합니다. 검색 창에 복사한 에러 메시지를 Ctrl+V로 붙여 넣기하여 검색합니다.

그럼 다음과 같은 검색 결과 화면이 나타납니다. 이제 안드로이드와 관련된 페이지를 열어 해답을 찾으면 됩니다.

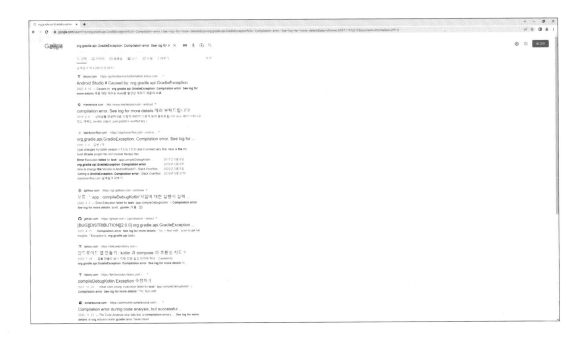

이 방법은 안드로이드 외에 다른 프로그램 개발에서도 많이 사용되는 방법으로 "구글링"이라고 부릅니다. 구글 검색은 가급적 크롬(Chrome)을 사용하기 바랍니다. 속도나 보안 문제에서 탁월한 성능을 보이기 때문입니다.

ANDROID EASY APP

1. 변수와 상수

2. 함수

3. 기본 자료형

4. 조건문/반복문

5. 클래스

6. 컬렉션

7. 람다

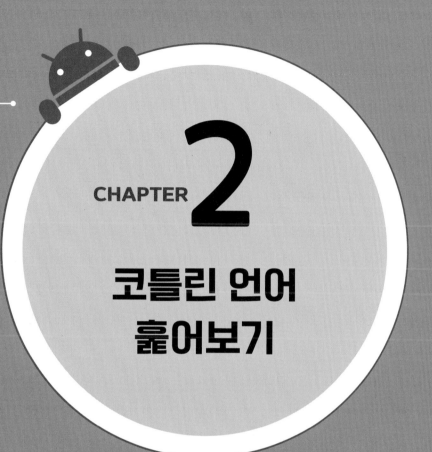

CHAPTER 2

코틀린 언어 훑어보기

CHAPTER

2

코틀린 언어 훑어보기

A N D R O I D ● E A S Y ● A P P

안드로이드 앱을 개발하기 위한 프로그래밍 언어가 코틀린(Kotlin)입니다. 코틀린 언어를 완벽하게 배운다는 것은 오랜 시간이 걸리고 많은 개발 경험이 있어야 합니다. Chapter 2에서는 안드로이드 앱 개발에 필요한 코틀린 언어의 기본 문법을 간단하게 살펴보겠습니다.

다른 언어를 배웠거나 코틀린에 관심 있는 독자라면 한번 읽어 보기를 바라며, 반드시 필수사항은 아니므로 다음 장으로 넘어가도 무방함을 알려드립니다. 이번 장은 코틀린의 기본적인 구조나 문법을 이해하여 앞으로 나오게 되는 다양한 코틀린 표현에 도움이 되고자 작성하였습니다. 보다 깊이 있게 코틀린 언어를 배우고자 한다면 별도의 코틀린 언어 책이나 관련 자료를 찾아보기 바랍니다.

 ## 1. 변수와 상수

변수는 변하는 수, 상수는 변하지 않는 수입니다. 다음 예제를 보면 이해할 수 있을 것입니다.

다음은 간단하게 숫자를 더하고 입력하는 코틀린 코딩입니다.

```kotlin
fun main() {

    var num1 = 5
    var num2 = 10
    var num3 = num1 + num2

    println(num3)

}
```

num1과 num2라는 변수를 선언하고 거기에 숫자 5와 10을 내입하어 num3이라는 변수에 결괏값을 출력하는 코틀린 코딩입니다.

이 문자는 결괏값 15를 출력하라는 명령어입니다.

```
println(num3)
```

결과는 15입니다.

변수(variable)는 데이터(data)를 저장하기 위한 공간이고, 그 공간에는 데이터를 넣는 것이 저장된다고 이해하면 됩니다. num1이라는 변수에 5라는 데이터를 입력하였고 num3이라는 변수에는 더한 값을 저장하여 print() 함수를 통하여 num3을 출력하였다는 의미입니다.

상수는 변하지 않는 데이터를 의미합니다. 앞의 코딩에서 숫자 5, 10이 해당됩니다.

코틀린 코드를 작성하고 실행하기 위해서는 관련 프로그램을 설치하고 테스트할 수 있지만, 공식 코틀린 사이트(www.kotlinlang.org)를 방문하여 프로그램 설치 없이 코딩 테스트를 할 수도 있습니다.

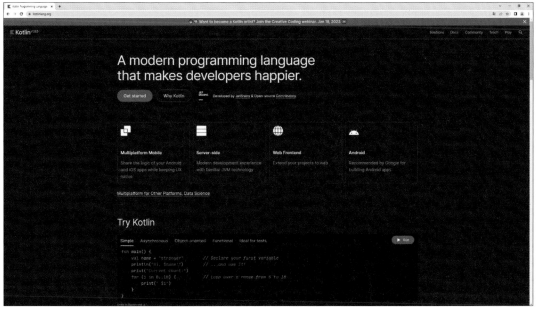

▲ 〈코틀린 공식 사이트〉

코틀린 공식 사이트를 방문했다면 우측 상단의 [Play] > [Playground]를 누릅니다.

그럼 코딩을 할 수 있는 화면이 나타납니다. 기본적으로 적혀있는 내용을 다 지우고 앞에서 설명한 코드를 복사, 붙여넣기를 하고 오른쪽의 [▶Run]을 누르면 15라는 결괏값을 얻을 수 있습니다. 만약 코틀린 공식 사이트가 업데이트된다면 Playground 메뉴를 찾아서 접속하기 바랍니다.

함수란 코드들의 집합이라고 할 수 있으며, 특별한 목적을 가지고 있습니다.

앞에서 본 코딩을 보면 fun main()이라고 있습니다. fun은 함수(function)를 의미하고 main()은 함수 이름입니다. 코틀린에서는 반드시 main이라는 함수가 하나 이상 있어야 합니다.

```
fun main() {
```

코틀린에서 함수는 **fun 함수이름()**의 구조입니다. 그리고 출력되는 print 코드도 이미 지정되어 있는 함수입니다.

```
println(num3)
```

print()는 프린터 함수이고, 뒤에 있는 ln은 줄 바꿈을 하라는 프린트 함수입니다.

ln이 있는 프린트 함수를 다음과 같이 작성을 하면

```
println(num3)
println(num3)
println(num3)
```

결과는 다음과 같습니다.

```
15
15
15
```

ln이 없이 다음과 같이 프린트 함수를 작성하면 다음과 같이 줄 바꿈이 되지 않은 상태에서 출력됩니다.

```
print(num3)
print(num3)
print(num3)
```

```
151515
```

지금까지 몇 개 함수의 의미를 알아보았습니다. 앞으로 많은 함수를 만들고 사용할 것입니다. 간단한 함수부터 시작해서 가능한 많은 함수를 다루어 보기 바랍니다.

3. 기본 자료형

코틀린의 기본 자료형에 대해 알아보겠습니다. 자료형은 데이터의 형태라고 설명할 수 있습니다.

다음 코드를 보면 num1이라는 변수 앞에 var이라는 코드가 있는 것을 볼 수 있습니다.

```
fun main() {

    var num1:Int = 5
    var num2 = 10
    var num3 = num1 + num2

    println(num3)

}
```

var은 num1이라는 변수 공간에 5라는 데이터를 넣었다면, num1이라는 공간에 다른 데이터를 넣을 수 있다는 것을 의미합니다. 변수 공간에 이미 들어간 데이터를 무시하고 다른 데이터를 넣을 수 있다는 것입니다. 즉, var은 num1이라는 변수가 가변(mutable type)이라는 의미입니다.

다음은 var의 반대 개념인 val입니다. Val은 불변(immutable type)입니다. 변수 앞에 val이 있으면 변수 공간에 들어있는 데이터는 변경할 수 없습니다.

```
fun main() {

    val num1:Int = 5
    val num2 = 10
    val num3 = num1 + num2

    println(num3)

}
```

val num1:Int = 5라는 코드를 보면 Int(첫 자는 반드시 대문자로 표시)라는 코드가 있습니다. Int는 정수형(Integer)의 약자이며 숫자, 즉 정수라는 것을 의미합니다. 변수 num2에는 데이터의 타입을 표시하지 않았습니다. 데이터 타입은 반드시 입력하지 않아도 됩니다.

이러한 것을 암시적 선언이라고 합니다. 그러나 위의 코딩처럼 초기화하지 않는 경우에는 데이터 타입을 반드시 표시해야 합니다.

정수형은 크기에 따라 Byte 형, Short 형, Int 형, Long 형이 있습니다.

타입(Type)	사이즈(Bits)	최솟값	최댓값
Byte	8	−128	127
Short	16	−32768	32767
Int	32	−2,147,483,648 (-2^{31})	2,147,483,647 ($2^{31} - 1$)
Long	64	−9,223,372,036,854,775,808 (-2^{63})	9,223,372,036,854,775,807 ($2^{63} - 1$)

이외에 부울린(Boolean)형, 문자(Char)형 등이 있으므로 코틀린 공식 사이트의 Doc 메뉴 혹은 관련 서적을 참조하기 바랍니다.

이번에는 조건문, 반복문에 대해 알아보겠습니다. 조건문은 만약(if)이라는 조건에 대한 결괏값을 출력하는 것이고, 반복문은 반복해서 출력이 필요한 경우나 함수 기능의 지속적인 동작이 필요할 때 사용합니다.

조건문

다음과 같은 코드가 있습니다. 숫자 5와 10의 비교에서 숫자 5가 크다는 조건을 주었습니다.

```kotlin
fun main() {
var num1 = 5
var num2 = 10

    if (num1 > num2)
    println("num1>num2 는 거짓입니다.")
    else
    println("num1<num2 는 참입니다.")
}
```

결과는 다음과 같습니다.

```
"num1<num2 는 참입니다."
```

If 다음에 조건이 있습니다. num1>num2 는 5>10 입니다. 이것은 거짓(False)입니다. 조건이 거짓이면 else 이후의 결과가 실행됩니다. 만약에 num1<num2 는 5<10 라면 조건은 참(True)이 되므로 결과는 "num1>num2 는 거짓입니다."라는 결과가 출력됩니다.

이처럼 조건문은 조건에 따른 결과 출력이라고 할 수 있습니다. 조건문은 다음과 같은 구성으로 되어 있습니다.

```
If(조건식)

    명령어

else

    명령어
```

반복문

코틀린으로 구구단을 만드는 코딩을 해 보겠습니다. 1단에서 9단까지 곱하기의 결과가 나와야 합니다. 코드는 다음과 같습니다.

```
fun main() {
for (x in 1..9) {
println("------------ ${x}단 ------------")
for (y in 1..9) {
println("$x*$y=${x * y}")
        }
    }
}
```

결과는 다음과 같이 1단부터 9단까지 곱하기의 결과가 출력됩니다.

```
------------ 1단 ------------
1*1=1
1*2=2
1*3=3
1*4=4
1*5=5
1*6=6
1*7=7
1*8=8
1*9=9

<중략>

------------ 9단 ------------
9*1=9
9*2=18
9*3=27
9*4=36
9*5=45
9*6=54
9*7=63
9*8=72
9*9=81
```

이것은 for 문이라는 반복문을 이용하여 작성한 것입니다. for 문 안의 조건식에 보면 x in 1..9 와 y in 1..9 라는 조건식이 들어있습니다. 이 말은 1부터 9까지 자동으로 증가하라는 의미입니다.

반복문은 반복적인 작업이 필요한 곳에 사용됩니다.

그럼 이 구구단을 또 하나의 반복문인 while 문으로 변경해 보겠습니다.

```
fun main() {
var x: Int = 1
var y: Int = 1
while (x <= 9) {
println("------------ ${x}단 ------------")
while (y <= 9) {
println("$x*$y=${x * y}")
            y++
        }
        x++
        y = 1
    }
}
```

결과는 다음과 같습니다.

```
------------ 1단 ------------
1*1=1
1*2=2
1*3=3
1*4=4
1*5=5
1*6=6
1*7=7
1*8=8
1*9=9

<중략>

------------ 9단 ------------
9*1=9
9*2=18
9*3=27
9*4=36
9*5=45
9*6=54
9*7=63
9*8=72
9*9=81
```

이 코딩에서 x++와 y++를 사용한 이유는 숫자의 증가를 하기 위해서입니다. 그리고 x++ 하단에 y=1을 추가한 이유는 구구단 각 단을 1로 다시 초기화하여 단의 시작을 다시 설정했기 때문입니다. 만약에 y=1을 y=2로 변경한다면 각 단은 2부터 구구단을 출력할 것입니다.

앞의 for 문과 while 문은 각각 2개를 사용하였습니다. 이를 중첩이라고 합니다.

5. 클래스

클래스를 이해하기 위해서는 객체지향 프로그래밍(Object-Oriented Programming)을 이해해야 합니다. 그리고 객체(object)와 인스턴스(instance)에 대한 이해도 있어야 합니다. 이 부분에 대한 기본적인 이해를 어느 정도 한 후 본 내용을 학습하기 바랍니다.

클래스(Class)는 필드(field)와 메서드(method)로 구성되며, 필드(field)란 클래스에 포함된 변수(variable)를 의미합니다. 메서드(method)는 특정 작업을 수행하기 위한 명령문의 집합이라 할 수 있습니다. 간단히 말하면 다양한 코드와 함수들의 집합이라고 할 수 있습니다. 사전에 클래스로 자주 사용되거나 핵심적인 사항들을 만들어 놓고 필요할 때 불러 사용하는 것이라고 생각하면 됩니다.

초보자가 클래스를 이해하기 위해서는 많은 시간과 노력이 필요합니다. 인터넷 검색이나 다른 관련 도서를 통해 찾아보기를 권합니다.

그림 클래스가 있는 예제를 통하여 한 번 알아보도록 하겠습니다. Animal이라는 클래스(class)를 만들었습니다. name이라는 변수는 문자열이고 Count라는 것은 개수를 의미하는 숫자형입니다. 동물 이름과 숫자에 대한 클래스를 만들었습니다. 그럼 메인 함수에서 클래스의 형식처럼 동물 이름과 숫자를 나열합니다.

```
var a = Animal("곰", 3)
var b = Animal("사자", 7)
```

이렇게 표현하는 것을 인스턴스(Instance) 생성이라고 합니다. 그래서 a라는 인스턴스 생성, b라는 인스턴스 생성이라고 합니다.

```
class Animal (var name:String, var Count:Int)

fun main() {

var a = Animal("곰", 3)
var b = Animal("사자", 7)

println("동물원에 ${a.name}은 ${a.Count}마리 입니다.")

}
```

결과는 "동물원에 곰은 3마리 입니다."라고 출력됩니다.

    println("동물원에 ${a.name}은 ${a.Count}마리 입니다.")

이 코드에서 $는 불러오고 싶은 변수를 적어주면 불러와서 표시됩니다.
사자와 마리 수를 표시하려면

    println("동물원에 ${b.name}은 ${b.Count}마리 입니다.")

이렇게 코드를 변경하면 됩니다.

6. 컬렉션

지금까지 클래스에 대해 알아보았습니다. 이제 컬렉션(collection)에 대해 알아보겠습니다. 컬렉션(collection)이란 사전적인 의미로는 '수집'이라는 의미입니다. 프로그래밍에서는 자주 사용하는 자료구조를 모아놓은 프레임워크(Framework)라고도 합니다.

프로그램에서 자료를 다루는 일은 아주 중요한 부분입니다. 데이터 베이스에 있는 자료를 저장하거나 불러서 가공하고 출력하는 형태는 우리가 많이 보는 웹사이트의 모양과 같습니다.

우선 코딩을 보면서 설명하겠습니다. setOf()라는 함수에 숫자를 입력하였습니다.

```
fun main() {
val a=setOf(1,2,3,2,3,3,2,1)
print(a)
}
```

결과는 [1, 2, 3]입니다. 8개의 숫자가 있는데 중복된 부분을 제외하고 3개의 숫자만 출력하였습니다. 동일한 숫자를 이번에는 listOf()라는 함수에 넣어서 출력하겠습니다.

```
fun main() {
val b=listOf(1,2,3,2,3,3,2,1)
print(b)
}
```

결과는 [1, 2, 3, 2, 3, 3, 2, 1] 입니다. 중복 숫자 제외 없이 출력합니다.

이처럼 코틀린에서 컬렉션은 데이터의 집합, 그룹을 의미하며 더 나아가 함수를 이용한 다양한 타입의 출력을 만들어내는 과정이라고 할 수 있습니다.

데이터 집합의 출력을 결정하는 속성을 정하여 중복을 포함할 것이냐, 제외할 것이냐 등의 타입을 결정하고 출력하는 것은 다양한 기능의 프로그램을 만드는 일에는 매우 중요한 부분이라고 할 수 있습니다.

이 외에도 mapOf()라는 함수를 통한 예제를 찾아서 학습하고 출력해 보기 바랍니다.

람다식(Lambda Expression), 또는 람다 함수라 부르는 람다(Lambda)는 코딩을 단순화하는 방법입니다. 람다 함수는 이름이 없는 함수입니다. 람다 함수를 사용하면 코드가 간결해지는 장점이 있습니다.

다름은 문자를 출력하는 코드입니다.

```
fun main() {
val a = fun(){ print("Hello ~ a") }//
a()
}
```

결과는 Hello ~ a 입니다.

다음은 람다 함수를 적용한 예입니다.

```
fun main() {
val a: () → Unit = { println("Hello ~ a") }
a()
}
```

결과는 동일하게 Hello ~ a 입니다.

val a = fun() 코드가 화살표가 들어간 val a: () -> Unit = 형태로 변경된 것을 볼 수 있습니다. 람다 표현식으로 변경한 것입니다.

이렇게 단니 함수를 사용하면 코드가 간결해집니다. 람다 함수를 사용하는 목적이 코드를 간결하게 하기 위한 목적이기는 하나, 너무 많이 사용하면 가독성을 떨어뜨리는 결과가 올 수 있습니다.

ANDROID EASY APP

1. 뷰의 개념

2. 레이아웃

3. 리스트

4. 텍스트뷰

5. 이미지뷰

6. 체크박스

7. 스크롤뷰

CHAPTER 3

안드로이드 앱 만들기
기초부터 고급까지

안드로이드 앱 만들기 기초부터 고급까지

A N D R O I D · E A S Y · A P P

그럼 이제부터 앱을 구성하는 각 요소에 대해 알아보겠습니다. 안드로이드 스튜디오를 이용하여 앱 개발 학습을 진행하기 전에 알아두면 많은 도움이 되리라 생각합니다.

 ## 1. 뷰의 개념

뷰(View)는 앱 화면에 보이는 모든 것들의 기본입니다. 버튼이나 이미지, 텍스트가 있기 위해서는 반드시 뷰(View)가 있어야 합니다. 뷰는 모든 요소들의 기본이 되며, 그 모든 요소들은 뷰(View) 클래스가 상속받아져야 합니다. 상속이라는 개념은 재산 상속을 받듯이 속성을 받는 것을 의미합니다. 이 부분에 대한 보다 자세한 개념은 인터넷 검색 등을 통해서 학습하기 바랍니다.

뷰(View)를 이야기할 때 뷰그룹(ViewGroup)도 같이 이야기합니다. 뷰그룹은 말 그대로 뷰의 그룹, 여러 개의 뷰를 배치한 집합이라고 생각하면 됩니다. 이 집합을 코딩에서는 컨테이너(container)라고 합니다.

뷰의 종류에는 TextView, EditText, Button, ImageView, CheckBox, RadioButton 등이 있고 뷰그룹 종류에는 LinearLayout, FrameLayout, TableLayout, ConstraintLayout 등이 있습니다.

안드로이드 스튜디오에서 res 폴더의 xml 파일을 누르고 팔레트에서 다양한 종류의 뷰와 뷰그룹을 확인할 수 있습니다.

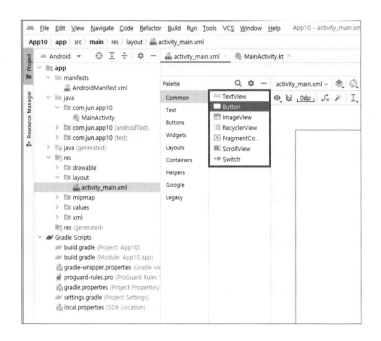

TextView: 텍스트가 보이는 뷰

EditText: 텍스트를 입력받을 수 있는 기능이 있는 뷰

Button: 일반적으로 안드로이드 앱에서 볼 수 있는 클릭 기능이 포함된 뷰

ImageView: 이미지를 입력하여 나타내는 뷰

CheckBox: 다중 항목 중 선택의 유무를 체크할 수 있는 뷰

RadioButton: 선택 항목 중 하나만을 선택할 수 있는 뷰

2. 레이아웃

레이아웃(Layout)은 화면을 구성하는 형태입니다. 레이아웃 단어 앞에 다양한 구분 단어를 두어 종류를 구분합니다. 앞에서 설명한 뷰그룹의 종류입니다. 레이아웃의 종류는 다음과 같습니다.

LinearLayout: 화면의 구성 요소들을 가로방향 또는 세로방향 순서로 배치되는 레이아웃

FrameLayout: 화면의 구성 요소들을 중첩되어 배치될 때 사용되는 레이아웃

TableLayout: 화면의 구성 요소들을 행과 열로 배치할 때 사용되는 레이아웃

ConstraintLayout: 화면의 구성 요소들 크기와 위치가 다른 요소들과 제약조건을 설정하여 배치하는 레이아웃

이들 중에서 대표적인 리니어레이아웃(LinearLayout)에 대해 설명하겠습니다. 리니어레이아웃은 horizontally와 vertical 두 종류가 있습니다. 이것은 수평정렬, 수직정렬에 따른 구분입니다.

먼저 LinearLayout(horizontally)에 대해 알아보겠습니다. 안드로이드 스튜디오에서 res 폴더의 xml 파일을 누르고 팔레트에서 LinearLayout(horizontally)을 선택합니다.

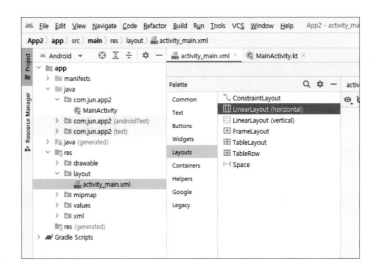

선택된 LinearLayout(horizontally)을 마우스로 드래그해서 화면으로 끌어옵니다. 그러면 Component Tree(빨간 박스)에 LinearLayout(horizontally)이 추가된 것을 볼 수 있습니다. Component Tree는 화면에 추가되는 요소들을 계층구조 형태로 볼 수 있는 공간입니다.

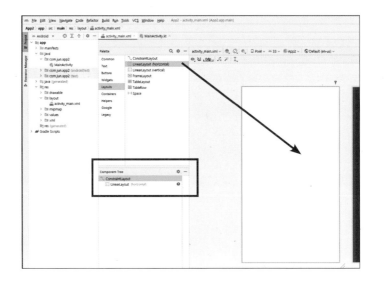

그리고 여러 개의 버튼을 드래그해서 화면에 올립니다. 버튼이 가로, 즉 수평구조로 쌓이는 것을 볼 수 있습니다.

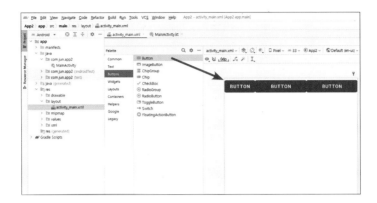

Component Tree를 보면 버튼 3개가 추가된 것을 볼 수 있습니다

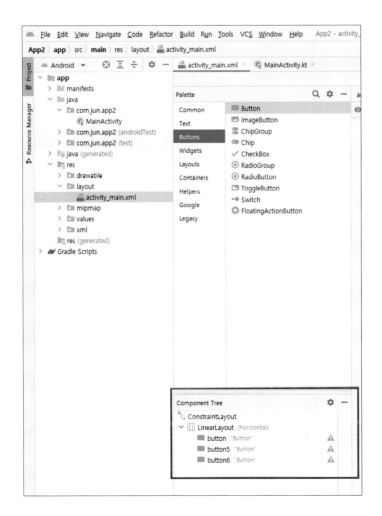

안드로이드 가상 디바이스로 실행을 해 보겠습니다. 우측 상단의 ▶를 눌러줍니다. 그럼 안드로이드 가상디바이스가 실행되면서 버튼이 추가된 화면이 나오는 것을 볼 수 있습니다.

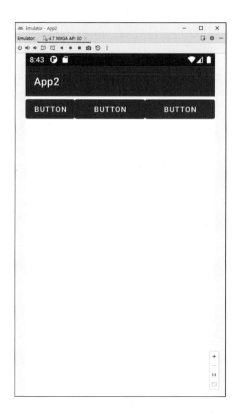

리니어레이아웃(LinearLayout)의 horizontally는 수평, 또는 가로 행으로 요소들이 구성되는 것입니다. 그럼 이번에는 LinearLayout(vertical)에 대해 알아보겠습니다. 안드로이드 스튜디오에서 res 폴더의 xml 파일을 누르고 팔레트에서 LinearLayout(vertical)을 선택합니다.

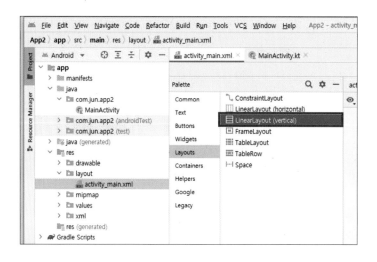

그리고 여러 개의 버튼을 드래그해서 화면에 올립니다. 버튼이 세로로 즉, 수직구조로 쌓이는 것을 볼 수 있습니다.

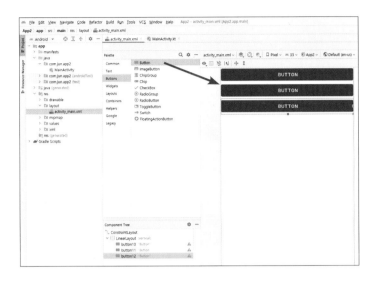

안드로이드 가상 디바이스로 실행을 해 보겠습니다. 우측 상단의 ▶를 눌러줍니다. 실행되면서 버튼이 세로로 추가된 화면이 나오는 것을 볼 수 있습니다.

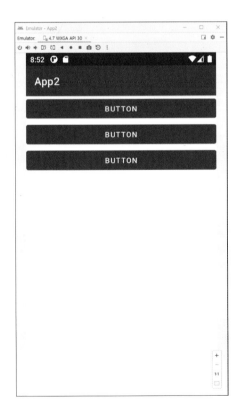

리니어레이아웃(LinearLayout) 중에서 LinearLayout(horizontally)와 LinearLayout(vertical)에 대해 알아보았습니다. 이렇게 수평 또는 수직 형태로 자동 구성되는 방식은 안드로이드 스튜디오로 만든 앱이 다양한 화면 크기에서 최적화된 화면을 제공하기 위한 목적이기도 합니다.

3. 리스트

리스트뷰(listView)는 목록 형태를 구성하는 요소입니다. 여러 개의 목록에서 각각 세부적인 목록이나 기능을 동작할 때 사용됩니다. 안드로이드 스튜디오의 리스트뷰를 구성해 보도록 하겠습니다.

새로운 프로젝트를 생성합니다. 안드로이드 스튜디오 상단 메뉴에서 [File] > [New] > [New Project..]를 누릅니다.

앱 템플릿을 선택하는 화면이 나옵니다. [Empty Activity]를 선택하고 [Next]를 누릅니다.

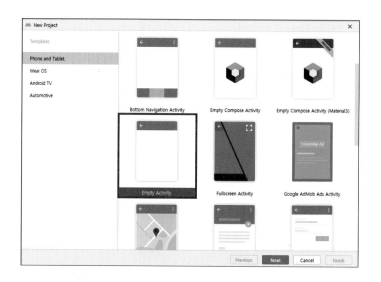

앱 이름을 입력하고 [Finish]를 누릅니다.

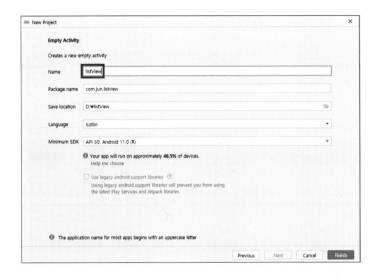

그러면 기본 앱 프로젝트 하나가 만들어집니다.

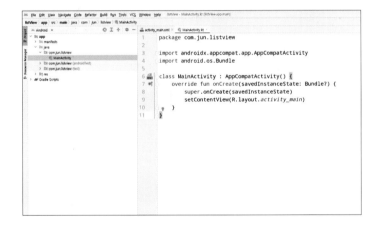

Res 폴더의 activity_main.xml을 누릅니다. 그리고 우측 상단의 Code, Split, Design 탭에서 [Design] 탭을 눌러 다음 화면과 같이 보이게 합니다.

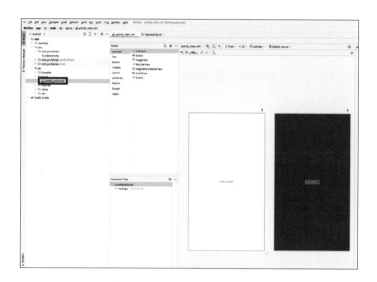

기본적으로 화면 중앙에 Text 박스가 있는데 마우스로 선택하고 Del 을 눌러 삭제합니다.

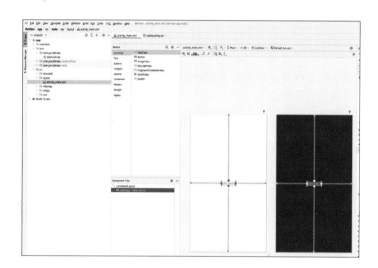

화면 위에 아무것도 없는 상태가 됩니다.

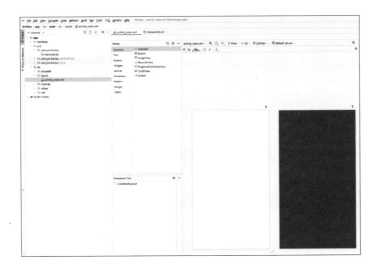

팔레트 하단에 있는 Component Tree의 ConstraintLayout 위에 마우스를 올리고 마우스 오른쪽 버튼을 클릭하면 다음과 같이 메뉴 선택이 나옵니다. [Convert view..]를 선택하고 리니어 레이아웃(LinearLayout)으로 변경을 해야 합니다. 리스트뷰(ListView)는 일반적으로 가로 또는 세로 방향의 뷰(View)이기 때문입니다.

[LinearLayout]을 선택한 후 [Apply]를 눌러 적용합니다.

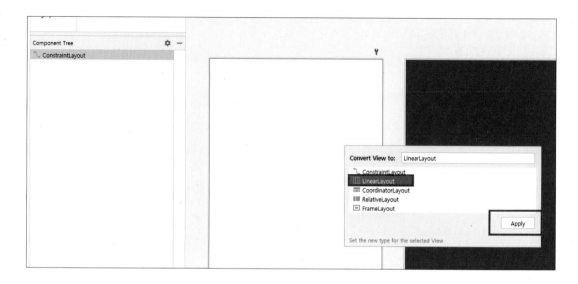

그럼 다음과 같이 ConstraintLayout이 LinearLayout으로 변경된 것을 확인할 수 있습니다.

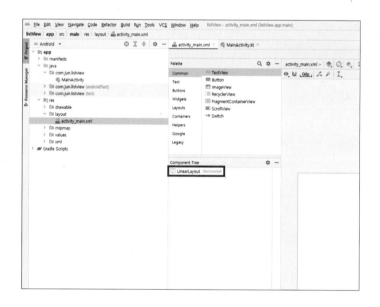

그럼 이번에는 ListView를 추가해 보겠습니다. 팔레트의 Legacy > ListView를 선택하여 화면
으로 드래그합니다.

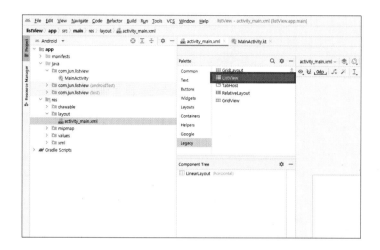

Item 1, Item 2, Item 3… 모양으로 리스트뷰가 만들어진 것을 볼 수 있습니다. 그러나 실행을
하면 아직 목록에 들어가는 데이터가 없어서 에러가 발생합니다. 이 부분을 해결하기 위해서는
레이아웃 구성 이외에 추가 코딩을 하여야 합니다. 초보자들에게는 아직 쉽지 않은 부분이므로
여기서는 리스트뷰에 대한 이해 정도로 마무리하겠습니다.

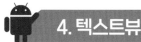

텍스트뷰(TextView)는 텍스트를 표시하기 위해 사용되는 뷰(View)입니다. 텍스트(Text)를 입력하기 위해서는 반드시 텍스트뷰 안에 텍스트를 넣어야 합니다. 그리고 우리가 앱에서 볼 수 있는 아이디, 비밀번호 입력에 관한 기능들도 텍스트뷰를 통하여 이루어집니다.

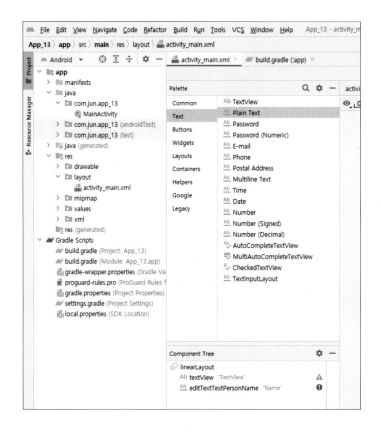

우리가 안드로이드 프로젝트를 만들면 중앙에 "Hello World!"라고 나오는 문구도 텍스트뷰 안에 포함되어 있는 텍스트입니다.

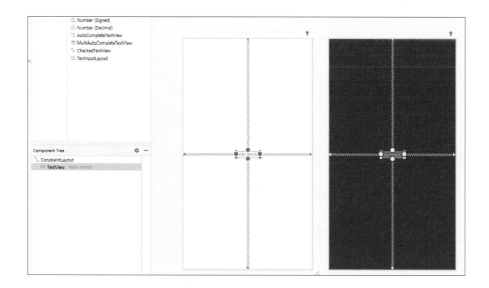

그럼 텍스트뷰 종류 몇 가지를 알아보도록 하겠습니다. 먼저 TextView, Plain Text, Password, Password(Numeric)라는 텍스트뷰가 있습니다. 이 요소들이 어떻게 보이고 활용하는지 알아보 겠습니다.

중앙에 "Hello World!"라는 텍스트뷰를 선택 후 Del 을 눌러 삭제합니다.

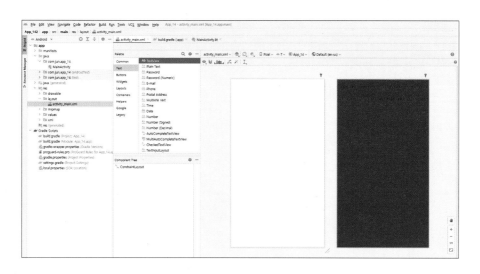

TextView, Plain Text, Password, Password(Numeric) 4가지 텍스트뷰를 화면에 올리도록 하겠습니다. 그렇게 하기 위해서는 4개를 올리면 세로 방향으로 4가지 텍스트뷰가 차례로 쌓이는 구조의 화면이어야 합니다. 화면을 세로 형태의 리니어레이아웃(LinearLayout)으로 변경하겠습 니다. 변경하지 않고 4개의 텍스트뷰를 화면에 올리면 중첩되어 보입니다 현재 적용되어 있는 레이아웃을 누르고 마우스 오른쪽 버튼을 누르면 다음과 같이 메뉴가 보입니다. [Convert view…]를 누릅니다.

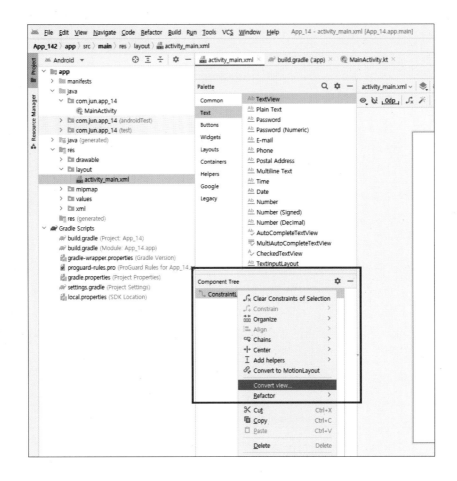

어떤 레이아웃을 선택할지를 묻는 팝업 창이 뜹니다. LinearLayout을 선택합니다. 그리고 [Apply]를 누릅니다.

그림 다음과 같이 레이아웃이 변경된 것을 볼 수 있습니다.

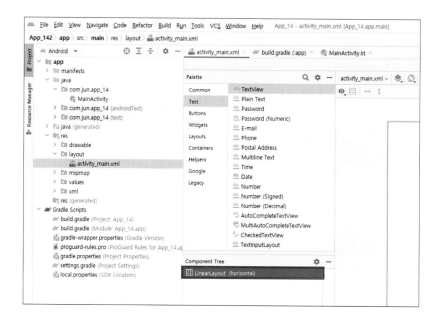

4개의 텍스트뷰를 화면에서 세로로 쌓이게 하려면 vertical로 변경을 해야 합니다. 적용된 레이아웃을 클릭하고 마우스 오른쪽 버튼을 누릅니다. 그럼 LinearLayout이 메뉴가 나오는데 선택을 하고 [Convert orientation to vertical]을 선택합니다.

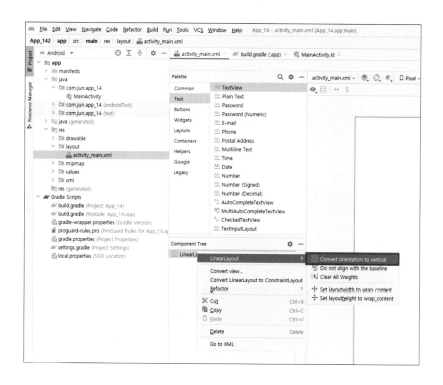

이제 세로로 쌓이는 레이아웃 형태로 구성이 되었습니다.

TextView, Plain Text, Password, Password(Numeric)를 하나하나 선택하고 마우스로 드래
그해서 화면에 올려놓습니다.

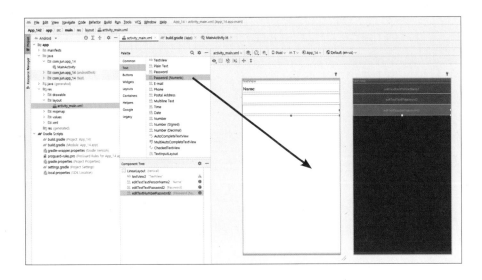

그리고 가상 디바이스를 실행하기 위해서 우측 상단의 ▶를 눌러줍니다.

가상 디바이스가 실행이 되고 올린 4개의 텍스트뷰가 보입니다. 첫 번째 TextView가 있습니다. 텍스트뷰 안에는 기본 텍스트인 "TextView"가 있습니다. 마우스로 눌러도 아무런 반응이 없습니다. 그냥 텍스트 내용을 보여주는 텍스트뷰입니다.

다음은 Name이라고 쓰여 있는 Plain Text입니다. 이 텍스트뷰는 이름 입력이나 아이디 입력을 할 수 있게 하는 텍스트뷰입니다. 마우스로 누르면 자동으로 키보드가 노출되는 것을 볼 수 있습니다. 이것은 안드로이드에서 기본적으로 제공하는 기능입니다.

다음은 Password 텍스트뷰입니다. 마우스로 누르면 Plain Text와 같이 키보드가 올라오는 것을 볼 수 있습니다.

마지막으로 Password(Numeric)는 암호를 입력할 때 숫자로 입력하게 하는 텍스트뷰입니다. 마우스로 누르면 일반 키보드가 아닌 숫자 키보드가 나오는 것을 볼 수 있습니다. 비밀번호를 간단히 숫자로 받을 때 필요한 텍스트뷰입니다.

지금까지 TextView, Plain Text, Password, Password(Numeric) 4가지 텍스트뷰에 대해 알아보았습니다. 나머지 텍스트뷰도 같은 방법으로 화면에 올려서 테스트해 보기 바랍니다.

5. 이미지뷰

이미지뷰(ImageView)는 이미지를 넣어 표현하는 뷰입니다. 사진이나 이미지가 들어가는 앱을 사용하는 데 필요한 뷰입니다. 그럼 이미지 뷰에 대해 알아보겠습니다.

준비된 새 이미지의 파일이름은 img22.jpg입니다. 이미지뷰에 이미지를 넣기 위해서는 이미지를 res > drawable 폴더에 넣어두어야 합니다.

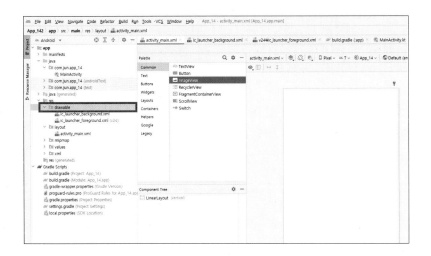

마우스로 드래그해서 준비된 이미지를 res > drawable 폴더에 넣습니다.

그럼 다음과 같이 팝업창이 뜨는데 [Refactor]를 누릅니다.

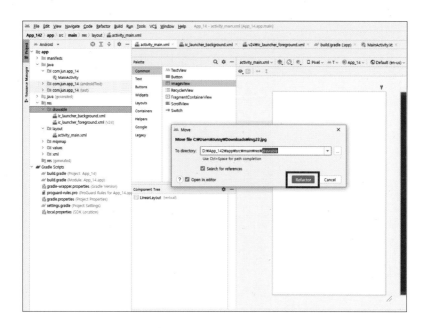

그럼 이미지가 res > drawable에 들어간 것을 확인해 볼 수 있습니다.

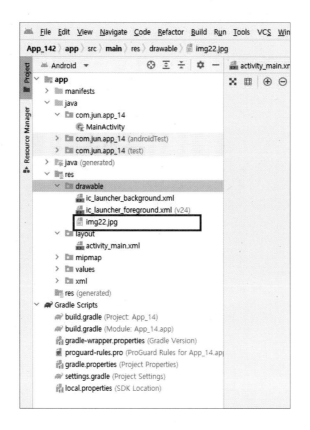

이미지뷰(ImageView)를 화면으로 드래그해서 삽입을 합니다.

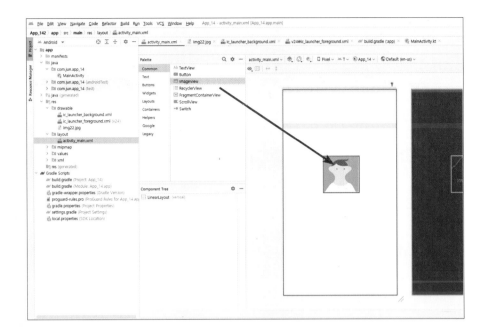

다음과 같은 팝업이 떠서 이미지뷰 안에 어떤 이미지를 넣을 것인지 선택하는 화면이 나옵니다.

Drawable 폴더 안에 삽입한 img22.jpg를 선택합니다.

그리고 [OK]를 누릅니다.

이미지가 이미지뷰에 삽입되어 나타나는 것을 볼 수 있습니다.

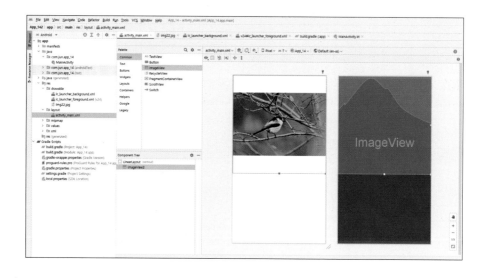

가상 디바이스를 실행해서 보면 이미지가 보이는 것을 확인할 수 있습니다.

이처럼 이미지뷰는 사진이나 이미지를 보여주는 기능을 구현할 때 사용하는 뷰입니다.

 6. 체크박스

체크박스(CheckBox)는 다중 선택 기능이 필요할 때 사용되는 요소입니다.

팔레트의 Button에 있는 체크박스(CheckBox)를 선택합니다.

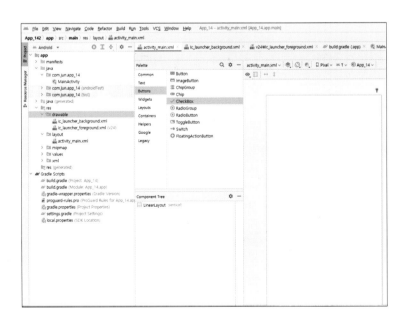

마우스로 드래그해서 화면에 추가합니다.

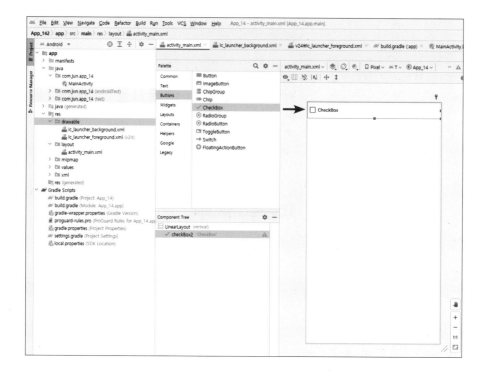

그리고 가상 디바이스를 실행하면 체크박스가 실행된 것을 볼 수 있습니다.

마우스로 누르면 체크가 되는 것을 볼 수 있습니다.

체크박스 속성 영역(Attributes)에서 cheked를 마우스로 눌러 true로 변경을 하면 기본적으로 체크박스가 선택된 모양으로 나타나게 됩니다.

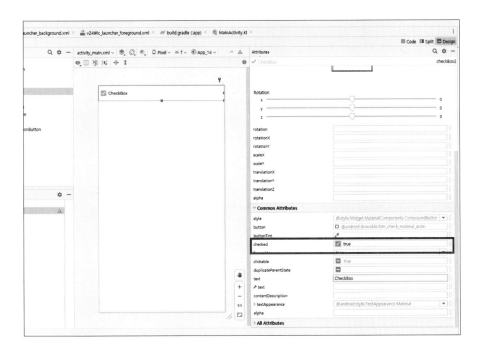

그리고 체크박스를 여러 개 추가한 후, 속성 영역의 text 안의 내용을 수정하여 다중 선택이 가능한 화면을 만들 수 있습니다.

체크박스와 버튼을 추가합니다.

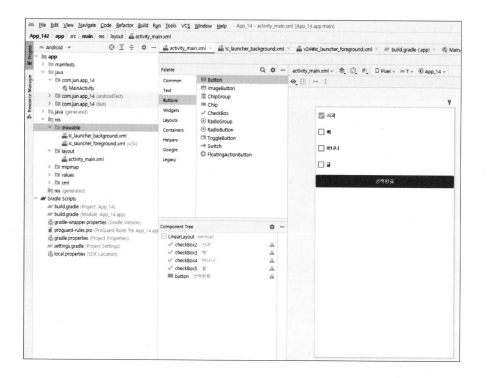

가상 디바이스로 실행하면 우리가 앱에서 흔히 접하는 다중체크 화면을 볼 수 있습니다.

이번에는 스크롤뷰(ScrollView)에 대해 알아보겠습니다. 큰 버튼 3개를 구성하는 앱 화면이 있다고 가정하겠습니다.

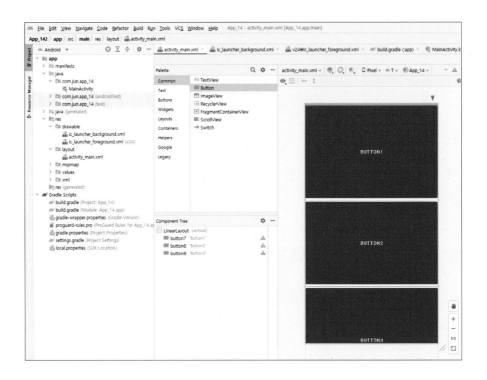

가상 디바이스로 실행을 해 보았습니다. 버튼 3개는 잘 보이는데 세 번째 버튼인 BUTTON3의 아래 부분이 잘렸습니다. 그래서 화면을 위로 올리려고 마우스를 드래그해서 올려도 BUTTON3의 전체 모습이 보이지 않습니다. 이런 경우 스크롤뷰(ScrollView)를 이용해서 화면 상하가 자유롭게 보이도록 할 수 있습니다.

그럼 이제부터 스크롤뷰를 사용하여 상하를 자유롭게 해보겠습니다. 팔레트의 ScrollView를
선택합니다.

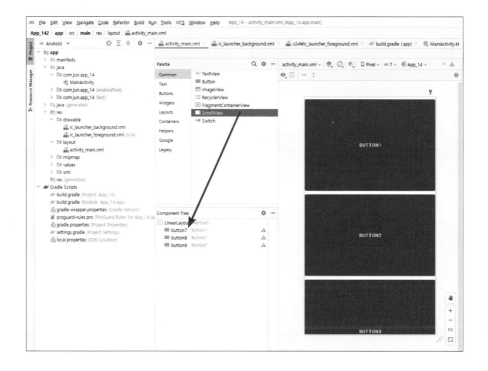

ScrollView를 Component Tree 영역의 버튼 위에 마우스로 드래그해서 놓습니다.

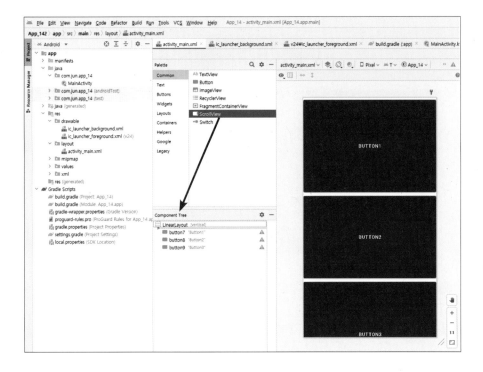

ScrollView의 > 표시된 부분을 눌러 펼쳐줍니다.

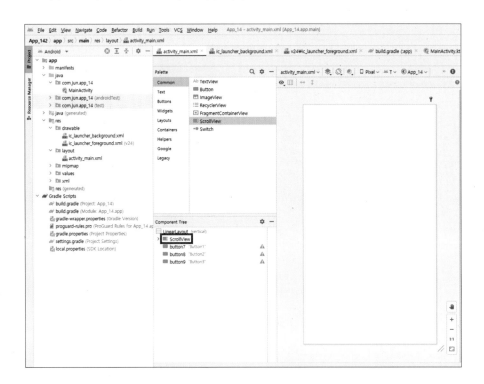

펼쳐진 ScrollView 안에 버튼 3개를 선택합니다. Shift 를 누른 상태에서 마우스로 선택해 주면 3개를 동시에 선택할 수 있습니다. 선택된 버튼 3개를 마우스로 드래그해서 ScrollView 안으로 옮깁니다.

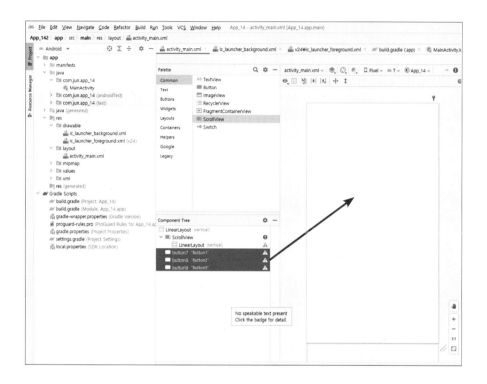

그럼 그림과 같이 버튼 3개가 ScrollView 안으로 추가된 것을 볼 수 있습니다.

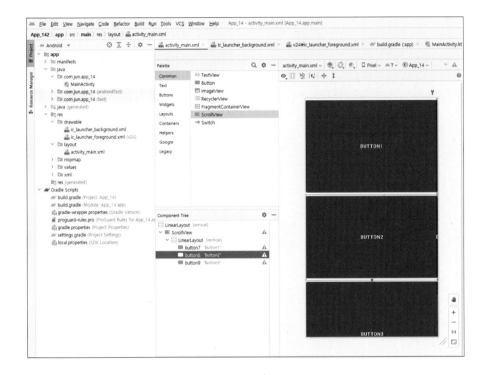

가상 디바이스로 실행을 해서 보겠습니다. 그러면 상하가 자유롭게 움직여서 3개의 버튼을 모두 볼 수 있게 되는 것을 확인할 수 있습니다.

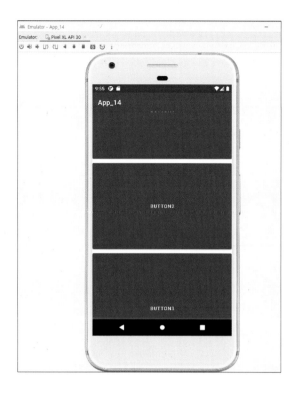

스크롤뷰는 이렇게 상하 또는 좌우를 자유롭게 넓히기 위해서 필요한 뷰(View)입니다.

지금까지 안드로이드 앱을 구성하는데 필요한 요소들에 대해 알아보았습니다. 이후에는 실제로 안드로이드 앱 코딩을 진행하면서 보다 깊이있는 학습에 들어가도록 하겠습니다.

ANDROID EASY APP

1. 버튼을 눌렀을 때 반응하는 기능

2. 원하는 웹사이트로 이동하는 기능

3. 다른 화면으로 이동하기

4. 간단한 브라우저 만들기

5. 사운드 재생

6. 나인패치 이미지

7. 경고창 만들기

8. 앱의 인트로 화면 만들기

9. 애니메이션 효과주기

10. 모바일 페이지 앱 만들기

11. 전화번호 바로가기 앱 만들기

12. 드럼박스 앱 만들기

13. 디지털 액자 만들기

CHAPTER

4

실전 앱
만들기

실전 앱 만들기

A N D R O I D · E A S Y · A P P

이제부터 실제 예제를 가지고 학습을 해보겠습니다. 기본적인 예제를 시작으로 조금 더 복잡한 예제까지 다양한 기능들을 배우고 익히면 여러 가지 응용이 가능하고 개발하는데도 많은 도움이 됩니다. 꼼꼼하게 학습해서 앱을 만드는데 활용하기 바랍니다.

1. 버튼을 눌렀을 때 반응하는 기능

버튼을 눌렀을 때 반응이 일어나는 기능을 만들어보겠습니다. 버튼을 누르면 "버튼이 눌러졌습니다."라고 반응하고 사라지는 기능입니다. 그럼 지금부터 시작해 보겠습니다.

우선 이전에 안드로이드 스튜디오로 작업한 화면이라면 File > Close Project를 눌러 화면을 종료합니다.

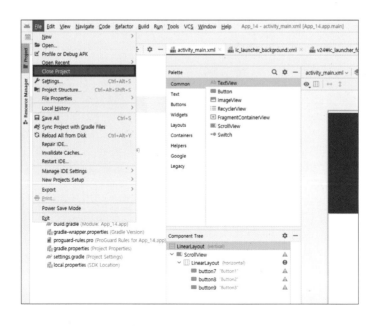

안드로이드 스튜디오 사용 팁

본 책의 예제파일을 안드로이드 스튜디오에서 실행하는 방법에 대해 설명을 드리겠습니다. 그림과 같이 원하는 드라이브에 폴더를 만들고 폴더 이름을 영어로 적습니다. 아래의 그림은 C 드라이브에 android_source 라는 폴더를 만들었습니다. 폴더를 한글로 만들면 실행이 되지 않는 경우가 있습니다. 폴더 준비가 되었으면 안드로이드 예제 파일의 압축을 풉니다.

그리고 안드로이드 스튜디오를 실행합니다. 다음 화면에서 안드로이드 스튜디오 예제 소스 파일이 있는 경로를 선택합니다. 원하는 예제를 선택하고 [OK] 버튼을 누릅니다.

그럼 다음과 같은 프로젝트 생성 화면이 나타납니다. 오른쪽 상단의 [New Project]를 눌러 신규 프로젝트를 생성합니다.

기본적인 앱의 템플릿을 선택하는 화면입니다. 우리는 학습을 하기 위해 빈 템플릿(Empty Activity)을 선택합니다. 이 책에서는 모두 빈 템플릿을 선택할 예정입니다. [Empty Activity]를 선택한 후 [Next]를 누릅니다. 앞으로도 자주 언급되는 액티비티(Activity)는 사전적인 의미로는 '움직임'입니다. 앱의 모든 움직임이 보이는 요소, 즉 '앱 화면'으로 이해하기 바랍니다.

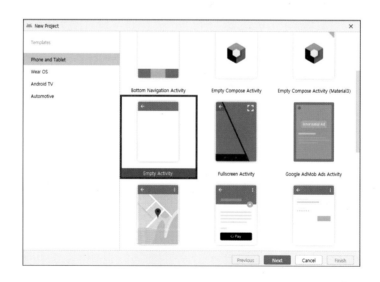

다음에 보이는 화면은 만들어지는 앱의 이름이나 기본적인 설정을 하는 화면입니다.

Name에는 원하는 이름을 입력합니다. 여기서는 sample4-1로 하겠습니다. 패키지 네임 (Package name)은 앱을 구성하는 여러 가지 파일들의 집합을 의미합니다. 안드로이드 앱의 코드들은 패키지 네임으로 이해를 합니다. 앞에서 정한 Name에 따라 자동 생성됩니다. 변경도 가능하지만 'example'이라는 단어는 피하는 것이 좋습니다.

Language는 Kotlin으로 선택합니다. 그리고 나머지 Minimum SDK 안드로이드 개발 키트 (SDK: Software Development Kit)의 최소 버전을 선택합니다. 특별한 경우가 아니면 기본적으로 설정된 것으로 진행하기 바랍니다. 다음과 같이 설정이 끝나면 [Finish]를 누릅니다.

기본 구성 화면이 나타납니다. 기본적인 앱 제작 환경이 만들어진 것입니다. 그림에서처럼 우측 코드 편집 창의 폰트 크기가 크게 보입니다. 이전에 설정한 상태로 보이기 때문에 이렇게 크게 나타나는 것입니다. 개인의 취향에 따라 폰트 크기를 변경할 수 있습니다.

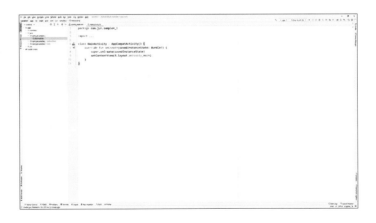

File > Settings를 눌러줍니다.

그럼 다음과 같이 세팅 화면이 나오는데 Editor > General의 Font를 선택합니다. 오른쪽 size 입력란에 원하는 폰트 크기를 정합니다. 위의 폰트도 선택할 수 있습니다.

폰트와 폰트 크기 설정은 개발 화면의 가독성을 증대시켜 개발 시 도움을 줄 수 있으므로 나에 게 맞는 코드 편집 창의 폰트 설정은 중요합니다.

설정이 끝났으면 [OK]를 눌러 저장합니다.

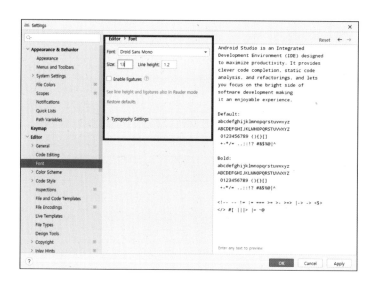

그럼 다음과 같이 폰트 크기가 적용된 것을 볼 수 있습니다.

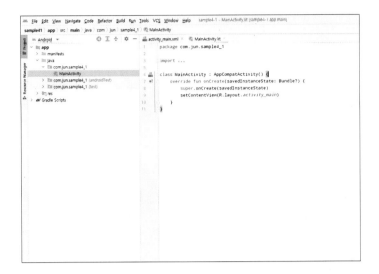

이번에는 앱 화면 구성에 대해 알아보겠습니다. 왼쪽의 파일 목록이 있는 화면에서 res > layout 의 activity_main.xml을 선택하면 다음과 같이 앱 화면 구성 화면이 나옵니다.

이 화면은 앱에서 보이는 화면이며, 액티비티(Activity)의 xml 파일입니다. java 폴더의 MainActivity.kt 파일과 activity_main.xml은 한 쌍의 연관된 파일입니다. activity_main. xml 화면에 버튼이나 이미지 등의 요소를 배치하고 MainActivity.kt 파일에 코드를 작성하여 기능을 구현합니다.

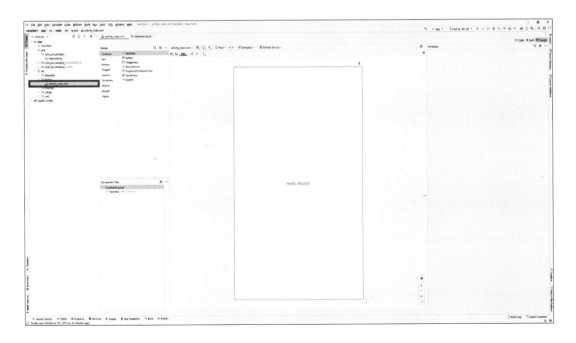

화면 오른쪽 상단에 보면 3개의 탭을 볼 수 있습니다. Code 탭은 activity_main.xml 파일의 xml 코드를 볼 수 있고, Design 탭은 시각화된 화면을 볼 수 있습니다. 그리고 Split은 앞의 두 가지 요소를 모두 볼 수 있습니다. 직접 눌러보고 나에게 맞는 화면 구성을 하면 됩니다.

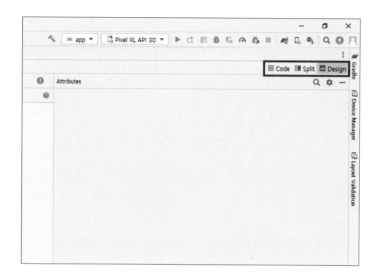

화면 중앙의 마름모 모양 아이콘을 누르면 다음과 같이 여러 가지 메뉴가 나타나는 것을 볼 수 있습니다.

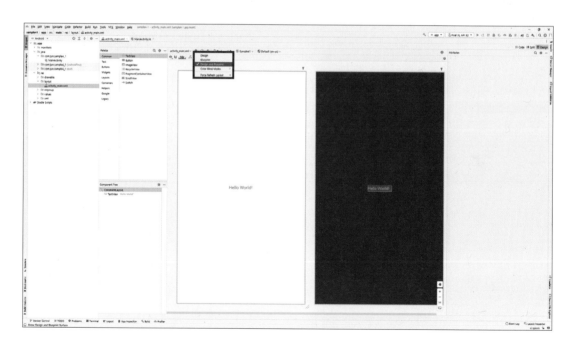

그중에서 많이 사용하는 것은 Design과 Blueprint인데, Design은 버튼이나 텍스트 박스를 그 대로 보여주는 것이고, Blueprint는 모양의 윤곽을 보여 주며 레이아웃 구성을 돕는 메뉴입니다. 두 가지를 모두 사용할 수도 있고 각각 하나씩만 사용할 수도 있습니다.

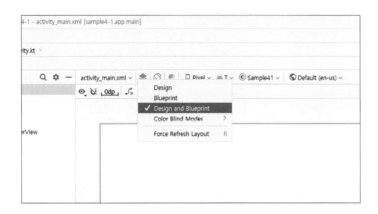

여기에서는 디자인(Design)만 설정하고 설명을 이어가도록 하겠습니다. 팔레트에서 버튼 (Button) 하나를 디자인 화면으로 마우스로 드래그해서 가지고 옵니다.

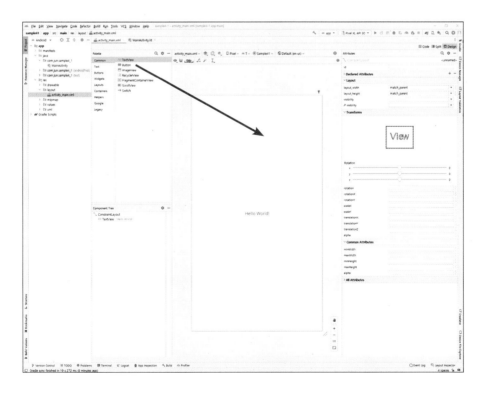

그럼 버튼이 원하는 곳에 위치할 수 있습니다. 지금은 버튼이 중앙 상단에 위치하고 있습니다.

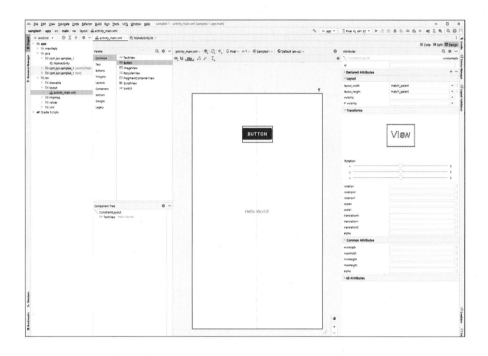

그리고 버튼을 원하는 곳으로 이동시킬 수도 있습니다.

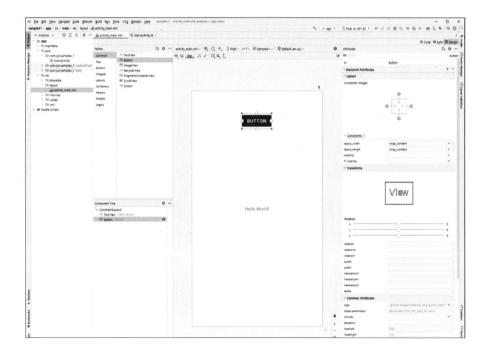

안드로이드 스튜디오 사용 팁

설정 적용

안드로이드 스튜디오를 사용하면서 설정을 변경하는 경우가 발생합니다. 그림과 같이 화면 우측 상단에 Sync Now, Ignore these change가 나타나는 경우가 있습니다.

이것은 설정된 것을 안드로이드 스튜디오에 적용할 것인가를 묻는 경우입니다. 그럴 경우는 Sync Now를 누르면 됩니다.

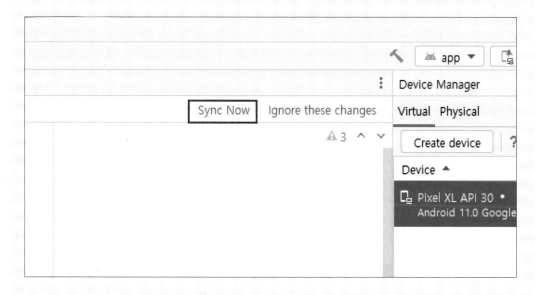

버튼을 추가했으면 안드로이드 스튜디오 실행 버튼(▶)을 눌러 실행합니다. 그러면 에뮬레이터가 실행되면서 다음과 같이 앱이 실행됩니다.

그런데 버튼이 원하는 곳에 위치하지 않고 왼쪽 위에 있는 것을 확인할 수 있습니다. 이것은 버튼의 위치를 정해주지 않아서 발생하는 현상입니다.

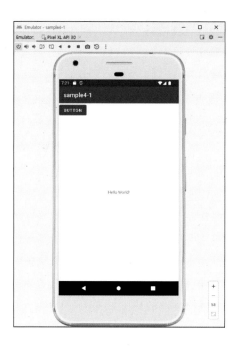

다시 화면으로 돌아와서 버튼을 눌러봅니다. 그럼 상하좌우 점들이 나타나고 연결할 수 있는 선을 이을 수 있습니다.

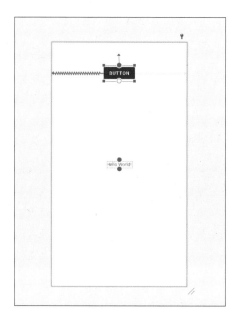

상하좌우를 연결합니다. 하단에는 중앙에 기본적인 텍스트가 있으므로 텍스트가 있는 곳까지 연결해 줍니다.

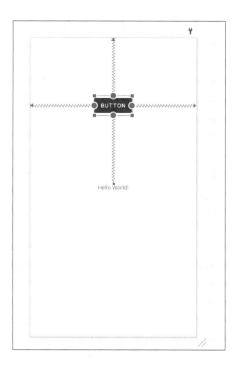

연결을 완료했으면 안드로이드 스튜디오 실행 버튼(▶)을 눌러 실행합니다. 위치를 원하는 곳에 옮길 수 있습니다.

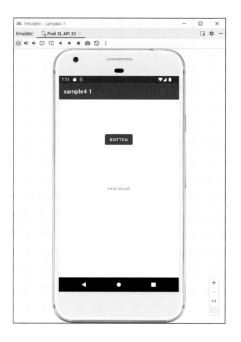

안드로이드 스마트폰의 크기는 기종마다 매우 다양하기 때문에 버튼의 위치가 절대적이지 않습니다. 스마트폰 화면의 크기에 따라 버튼의 위치가 달라질 수 있습니다. 버튼뿐만 아니라 다른 구성 요소들도 마찬가지입니다. 안드로이드 스튜디오에서는 이러한 화면 배치 문제를 개선하기 위해 화살표로 서로 연결해서 위치를 고정하는 것입니다.

이처럼 다양한 스마트폰의 크기에 대응하기 위한 방법 중에 나인패치라는 방법도 있습니다. 4-6절에서 나인패치에 대한 설명도 포함하고 있으니 확인해 보시기 바랍니다.

이제 버튼을 누르면 간단한 메시지가 노출되는 기능을 코딩을 해보며 구현하겠습니다. MainActivity.kt 파일을 선택해서 코드 편집 화면으로 이동합니다.

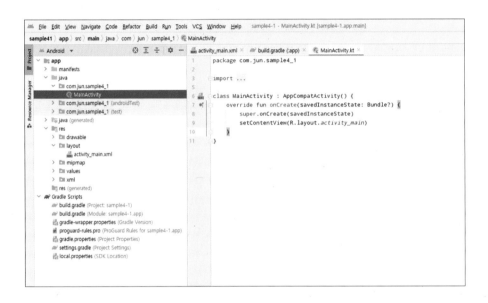

버튼을 동작하기 위해 버튼 아이디(ID)를 확인해야 합니다. activity_main.xml의 디자인 화면에서 버튼을 누르면 우측에 버튼 아이디를 확인할 수 있습니다. 버튼을 추가하면 기본적으로 버튼 아이디가 생성되며, 원하는 아이디로 변경이 가능합니다.

다음 그림과 같이 버튼의 아이디가 'button'이라는 것을 확인할 수 있습니다.

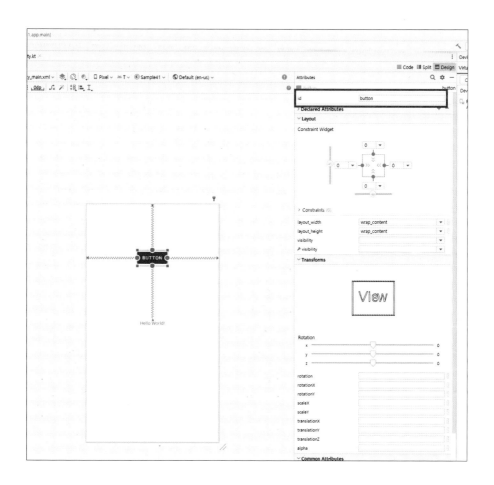

그럼 이제 코딩을 하겠습니다. MainActivity.kt 파일을 눌러 코드 편집 화면으로 이동합니다. 기본적으로 코딩이 되어 있는 것을 볼 수 있습니다.

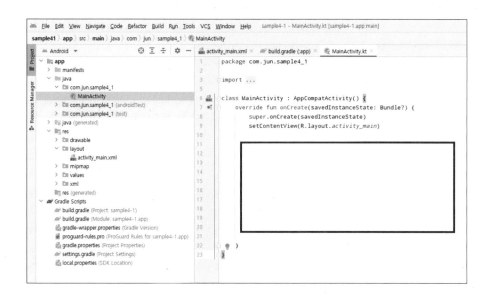

닫는 중괄호(}) 두 개를 Enter 를 눌러 그림과 같이 아래로 내립니다. 그림에서 보이는 공간에 코드를 입력하려고 합니다.

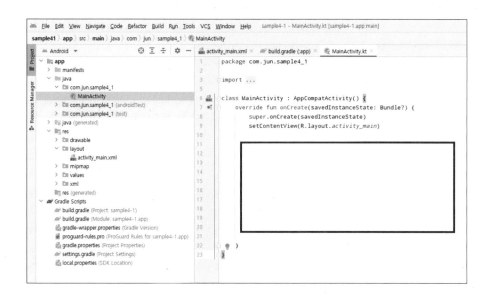

기본 코드가 있는 상단의 import...에 마우스를 누르면 숨겨져 있던 코드가 나타납니다.

```
import androidx.appcompat.app.AppCompatActivity
import android.os.Bundle
```

코드 입력 영역(빨간 박스) 안에 다음 코드를 입력합니다.

```
button.setOnClickListener{
    Toast.makeText(this@MainActivity, "나는 토스트 메세지 입니다.", Toast.
    LENGTH _ SHORT).show()

}
```

다음 그림과 같이 빨간색으로 button과 Toast가 빨간색으로 나타나는 것을 볼 수 있습니다. 안드로이드 스튜디오는 가능한 최대한의 도움을 줍니다. 파란색 풍선 도움말로 안드로이드 위젯 토스트(Toast)가 필요하냐고 물어보며 Alt + Enter 를 누르라고 합니다.

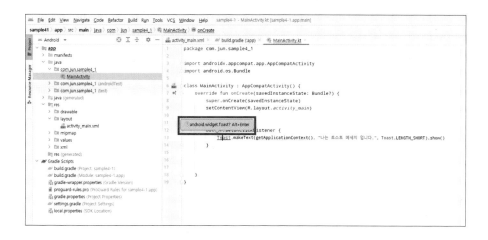

Alt + Enter 를 누르면 또 하나의 선택 메뉴가 나타납니다. Import를 선택합니다.

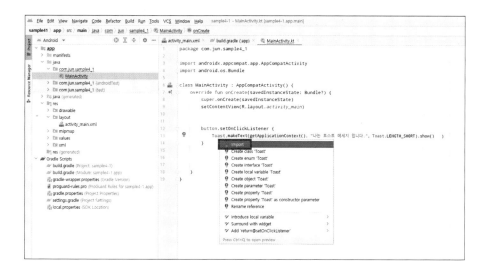

빨간 글씨 Toast가 검은색으로 바뀌는 것을 볼 수 있으며 상단 Import에 import android. widget.Toast가 추가된 것을 볼 수 있습니다. 토스트(Toast) 기능을 사용하기 위한 위젯을 연결했다는 표시입니다. 이렇게 안드로이드는 필요한 위젯을 불러와서 사용합니다.

버튼은 아직도 빨간색이고 위젯을 추가하라는 풍선 도움말도 나타나지 않습니다. 이런 상태에서 안드로이드 스튜디오 실행 버튼(▶)을 눌러 실행합니다. 그럼 하단에 오류 메시지가 나타납니다.

안드로이드 스튜디오 사용 팁

주석

코드를 작성하는데 중요한 주석에 대해 알아보겠습니다. 주석은 프로그램 안에 설명을 달거나 실행이 되지 않게 하는 역할을 합니다. 기호는 //과 /* */로 사용되는데 //는 행 단위에서 사용되며 /* */는 부분적으로 사용이 되는 주석 기호입니다. 예를 들면 다음과 같습니다.

```
a. 숫자를 대입하여 실행하라 // 여기는 이런 형식이
b. 숫자를 대입하여 /*실행하라
다음에서*/ 진행될 수 있는 것.
```

프로그램을 수행할 때 a의 // 이후에 작성한 '여기는 이런 형식이'라고 하는 글은 실행되거나 인식되지 않습니다. 그러므로 행 단위의 이 부분에는 프로그램의 설명이나 도움말을 쓸 수 있습니다.

b의 경우는 부분적으로 주석을 처리하는 경우입니다. /*로부터 시작하여 */로 끝나는 것입니다. 이 영역 안에는 실행되거나 인식되지 않습니다. 그러므로 위의 내용과 같이 굵게 쓰인 부분만 실행된다고 보면 됩니다. 여러 행 단위의 부분적 주석 처리에 도움이 됩니다.

주석은 어느 프로그램이나 매우 중요한 부분입니다. 개발을 진행하다 보면 에러가 발생하는 경우가 많은데 이럴 때는 특정 부분을 주석 처리하고 해제하고를 반복하면서 에러가 되는 부분을 확인할 수 있기 때문입니다. 작성한 코드를 가급적 지우지 않고 주석 처리를 하는 습관을 들이도록 하세요.

코드를 주석 처리하는 방법은 다음과 같습니다. 주석을 달고 싶은 라인을 마우스로 드래그해서 선택하여 키보드 Ctrl + / 를 동시에 누르면 주석이 달리고 다시 누르면 주석이 해제됩니다.

```
package com.jun.sample4_1

import androidx.appcompat.app.AppCompatActivity
import android.os.Bundle
import android.widget.Toast

class MainActivity : AppCompatActivity() {
    override fun onCreate(savedInstanceState: Bundle?) {
        super.onCreate(savedInstanceState)
        setContentView(R.layout.activity_main)


        button.setOnClickListener {
//          Toast.makeText(getApplicationContext(), "나는 토스트 메세지 입니다.", Toast.LENGTH_SHORT).sh
        }

        }
    }
```

여러 행을 하려면 여러 행을 선택해서 [Ctrl] + [/]를 동시에 누르면 됩니다.

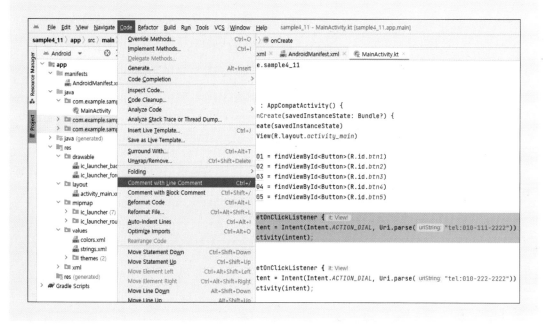

주석을 실행하는 다른 방법은 주석을 하고 싶은 블록을 선택하고 상단의 Code를 눌러 Comment with Line Comment를 눌러도 됩니다.

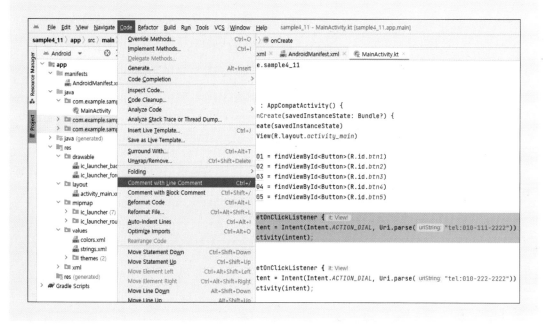

보이는 에러 메시지를 복사해서 구글 검색을 하면 다양한 답들을 확인할 수 있습니다.

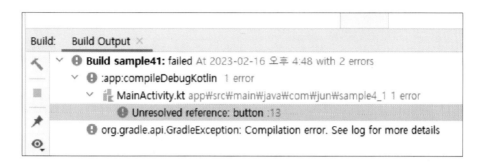

해결을 하기 위해서는 Gradle Scripts 안에 있는 build.gradle(Module…)를 마우스로 눌러 편집 화면에 들어가서 상단에 id 'kotlin-android-extensions' 코드를 추가합니다.

```
plugins {
    id 'com.android.application'
    id 'org.jetbrains.kotlin.android'
    id 'kotlin-android-extensions'
}
```

코드를 추가하고 우측 상단의 Sync Now를 눌러줍니다.

MainActivity.kt 파일을 보면 import android.widget.Toast가 추가된 것을 볼 수 있습니다.

```
import androidx.appcompat.app.AppCompatActivity
import android.os.Bundle
import android.widget.Toast
```

그리고 다시 MainActivity.kt 파일을 눌러 편집 화면으로 오면 button에 파란 풍선 도움말이 나
타나는 것을 볼 수 있습니다.

빨간색으로 표시된 button 위에 마우스를 올리고 Alt + Enter 를 눌러줍니다. 선택 메뉴가 나타납니다. 버튼 기능을 동작할 수 있는 위젯을 연결할 것입니다. Import를 선택합니다.

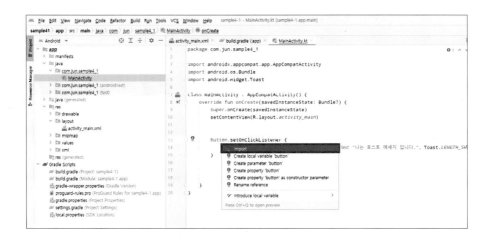

상단의 import에 import kotlinx.android.synthetic.main.activity_main.*가 추가된 것을 볼 수 있습니다.

```
import androidx.appcompat.app.AppCompatActivity
import android.os.Bundle
import android.widget.Toast
import kotlinx.android.synthetic.main.activity_main.*
```

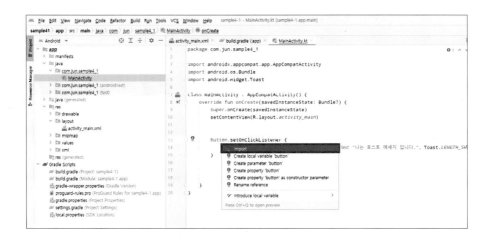

이에 작성이 완료되었습니다. 앱을 실행하겠습니다. 앱이 에러 발생 없이 정상으로 실행되었습니다. 버튼을 눌러보겠습니다.

버튼을 누르면 하단에 메시지가 나타났다가 사라지는 것을 볼 수 있습니다. 이것을 토스트(Toast) 메시지라고 합니다. 앱을 사용하면서 흔하게 보던 메시지입니다.

전체코드는 다음과 같습니다. 그리고 우리가 작성한 코드는 노란색 블록입니다.

```
packagecom.jun.sample4_1

import androidx.appcompat.app.AppCompatActivity
import android.os.Bundle
import android.widget.Toast
import kotlinx.android.synthetic.main.activity_main.*


class MainActivity: AppCompatActivity() {
    override fun onCreate(savedInstanceState: Bundle?) {
        super.onCreate(savedInstanceState)
        setContentView(R.layout.activity_main)

        button.setOnClickListener{
            Toast.makeText(getApplicationContext
            , "나는 토스트 메세지 입니다.", Toast.LENGTH_SHORT).show()
        }
    }
}
```

우리가 작성한 코드를 살펴보겠습니다.

```
button.setOnClickListener{
    Toast.makeText(getApplicationContext, "나는 토스트 메세지 입니다.", Toast.
    LENGTH_SHORT).show()
}
```

버튼에 클릭 이벤트 함수를 호출하여 토스트 메시지를 실행하는 것이라고 생각할 수 있겠지만, 코드는 영어나 불어처럼 해석으로만 풀 수는 없습니다. 코드의 구조를 보고 내가 이해할 수 있는 상태로 만들어야 합니다. 그래서 앞에서 배운 주석을 통하여 일부 코드를 지우거나 추가 및 수정하면서 나의 것으로 만드는 학습이 필요합니다. 이는 많은 예제를 통해서 알 수 있습니다. 코드를 너무 암기 위주로만 학습하다 보면 지겨움에 빠져 그만두는 경우가 많이 있습니다. 그러므로 직접 동작들을 확인해 가면서 학습하는 것이 좋습니다.

메시지의 노출 시간을 지금보다 길게 하려면 어떻게 하는 것이 좋을까요? Toast.*LENGTH_SHORT*의 코드를 *LENGTH_LONG*로 변경하면 메시지의 노출 시간을 길게 할 수 있습니다.

포함되어 있는 줄의 전체 코드는 다음과 같습니다(색 처리된 코드가 작성한 코드).

```kotlin
packagecom.jun.sample4_1

import androidx.appcompat.app.AppCompatActivity
import android.os.Bundle
import android.widget.Toast

import kotlinx.android.synthetic.main.activity_main.*
class MainActivity: AppCompatActivity() {
    override fun onCreate(savedInstanceState: Bundle?) {
        super.onCreate(savedInstanceState)
        setContentView(R.layout.activity_main)

        button.setOnClickListener {
            Toast.makeText(getApplicationContext(), "나는 토스트 메세지 입니다.", Toast.LENGTH_LONG).show()
        }
    }
}
```

코드 자동 완성

코드 자동 완성이라는 기능이 있습니다. 이 기능은 코드의 오타를 줄일 수 있고 코드 작성 속도를 빠르게 합니다. 다음 그림처럼 button을 누르고 점(.)을 누르면 예상되는 관련 함수들의 리스트가 나타납니다. 혹시 나타나지 않으면 점(.)을 찍은 후 시작 글자를 몇 자 적어주면 나타납니다.

이 방법을 자주 사용하는 습관을 가져보기 바랍니다.

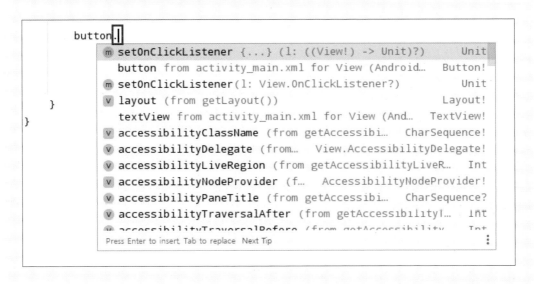

2. 원하는 웹 사이트로 이동하는 기능

버튼을 눌렀을 때 원하는 웹 사이트로 이동하는 기능을 구현한 앱을 만들어보겠습니다. 버튼을 누르면 스마트폰에 내장된 웹 브라우저가 실행되면서 사이트로 이동하는 것입니다.

프로젝트를 생성하고 [New Project]를 누릅니다.

앱의 템플릿을 정하는 화면입니다. 학습을 위해 아무 내용이 없는 [Empty Activity]를 선택합니다.

그리고 [Next]를 누릅니다.

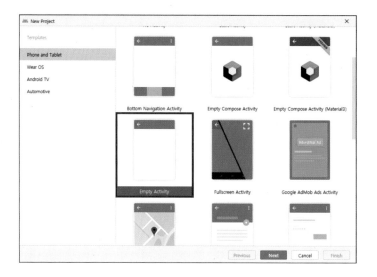

프로젝트 이름과 Language를 선택하고 [Finish]를 누릅니다.

기본 앱 프로젝트가 만들어졌습니다.

우선 기본적인 앱의 화면 구성을 해야 합니다. 이를 위해 레이아웃 파일로 이동을 합니다. res 폴더의 activity_main.xml을 눌러줍니다. 그럼 다음과 같이 화면이 뜨는 것을 확인할 수 있습니다. 중앙에 있는 'Hello World'를 삭제합니다.

팔레트에서 버튼을 마우스로 드래그해서 화면으로 끌고 옵니다.

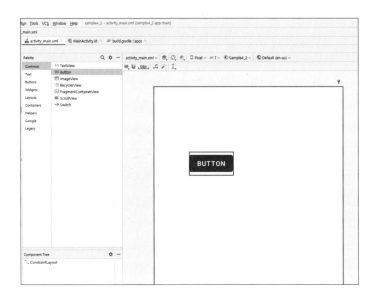

위치를 고정하기 위해서 상하좌우 버튼 끝의 연결을 모두 진행합니다.

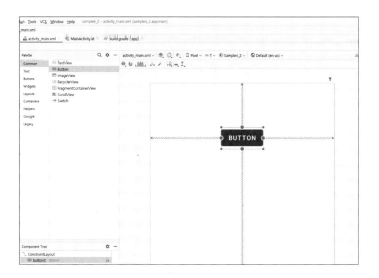

버튼을 누르고 우측의 속성(Attributes) 영역을 보면 id 영역이 있습니다. 버튼 아이디가 자동으로 생성된 것을 볼 수 있습니다. button2로 되어 있습니다. 자동으로 만들어지는 버튼 아이디는 그대로 사용해도 되고 중복되지 않도록 원하는 이름으로 변경해도 됩니다.

버튼 아이디는 코딩을 할 때 버튼을 알 수 있게 하는 인식 코드입니다. 앱이나 시스템이 버튼의 아이디를 인식하여 다른 버튼들과 구분합니다. 이 아이디는 버튼에만 있는 것이 아니라 팔레트 대부분에 존재합니다.

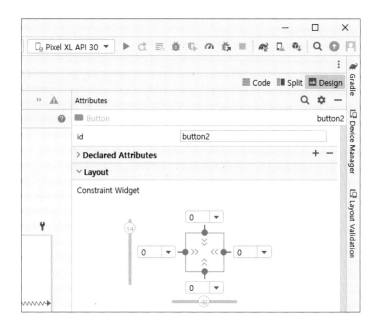

그리고 속성(Attributes) 하단에 보면 text 박스가 있습니다. 버튼에 기본적으로 있는 내용을 변경할 수 있습니다.

버튼 속성 중에 주요 속성에 대한 설명은 다음과 같습니다.

text: 버튼의 텍스트 속성

textSize: 버튼의 텍스트 크기 속성

textColor: 버튼의 텍스트 색상 속성

background: 버튼의 배경 속성

padding: 버튼의 패딩 속성

gravity: 버튼의 텍스트 정렬 속성

onClick: 버튼을 클릭했을 때 이벤트를 감지하고 처리하는 속성 우리는 버튼을 누르면 특정 웹 페이지로 이동하는 것을 만들 것이므로 'WEB'이라고 적겠습니다.

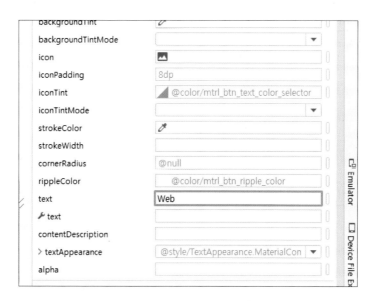

그리고 다시 레이아웃 화면의 버튼을 보면 'WEB'으로 변경된 것을 확인할 수 있습니다.

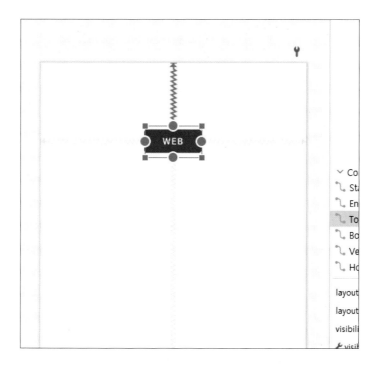

이번에는 확장 코드를 삽입하겠습니다. Gradle Scripts의 build.gradle(Module..)을 선택합니다.

다음 코드를 추가합니다. "id 'kotlin-android-extensions'"

코드 추가가 완료되면 우측 상단에 Sync Now라는 텍스트가 나타납니다. 이것을 눌러 적용합니다.

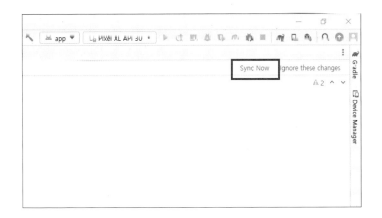

적용이 완료되었습니다. 이제는 코드를 작성하겠습니다. 왼쪽 파일 목록에서 MainActivity를 선택하고 버튼 이벤트를 작성합니다. 버튼 아이디 button2를 입력하고 점(.)을 누릅니다. 그럼 import를 추가하라는 파란 풍선 도움말이 나타납니다. Alt + Enter 를 누릅니다.

```
nple4_2 (androidTest)        6    class MainActivity : AppCompatActivity() {
nple4_2 (test)               7        override fun onCreate(savedInstanceState: Bundle?) {
                             8            super.onCreate(savedInstanceState)
        kotlinx.android.synthetic.main.activity_main.button2? Alt+Enter  .layout.activity_main)
main.xml                    11        button2.setC
                            12
                            13
                            14
oject: sample4_2)           15
odule: sample4_2.app)       16
.properties (Gradle Version) 17        }
pro (ProGuard Rules for sample4 18    }
s (Project Properties)
```

그럼 상단에 import가 한 줄 추가된 것을 확인할 수 있습니다.

```
activity_main.xml    MainActivity.kt    build.gradle (:app)
1    package com.jun.sample4_2
2
3    import androidx.appcompat.app.AppCompatActivity
4    import android.os.Bundle
5    import kotlinx.android.synthetic.main.activity_main.*
6
7    class MainActivity : AppCompatActivity() {
8        override fun onCreate(savedInstanceState: Bundle?) {
9            super.onCreate(savedInstanceState)
10           setContentView(R.layout.activity_main)
11
12    button2.setC
13
14
15
16
17
18        }
19    }
```

이번에는 버튼을 눌렀을 때 발생하는 이벤트 함수를 추가하는 것입니다. button2 다음에 점(.)을 입력하면 다음과 같이 가능한 함수들의 목록이 나타납니다. setOnClickListner를 선택합니다.

setOnClickListner가 나타나고 중괄호{}가 나타납니다. 중괄호 안에 버튼을 눌렀을 때의 동작을 입력하는 것입니다.

다음과 같은 코드를 입력합니다.

```
var intent = Intent(Intent.ACTION_VIEW, Uri.parse("https://m.daum.net"))
startActivity(intent)
```

Intent에 나타나는 파랑 풍선 도움말에 따라 Alt + Enter 를 눌러줍니다.

인텐트는 액티비티(Activity), 서비스(Service), 브로드캐스트 리시버(Broadcast Receiver) 및 콘텐트 제공자(Content Provider) 등의 구성 요소 간에 메시지를 전달하고 작업을 수행하기 위해 사용되는 객체로, 명시적 인텐트(Explicit Intent)와 암시적 인텐트(Implicit Intent)가 있습니다.

```kotlin
class MainActivity : AppCompatActivity() {
    override fun onCreate(savedInstanceState: Bundle?) {
        super.onCreate(savedInstanceState)
        setContentView(R.layout.activity_main)

        button2.setOnClickListener {  it: View!
            android.content.Intent? Alt+Enter

            var intent = Intent(Intent.ACTION_VIEW, Uri.parse("https://m.daum.net"))
            startActivity(intent)



        }
    }
}
```

상단에 인텐트(Intent)에 대한 Import가 추가된 것을 볼 수 있습니다.

```kotlin
package com.jun.sample4_2

import android.content.Intent
import androidx.appcompat.app.AppCompatActivity
import android.os.Bundle
import kotlinx.android.synthetic.main.activity_main.*

class MainActivity : AppCompatActivity() {
    override fun onCreate(savedInstanceState: Bundle?) {
        super.onCreate(savedInstanceState)
        setContentView(R.layout.activity_main)

        button2.setOnClickListener {  it: View!



            var intent = Intent(Intent.ACTION_VIEW, Uri.parse("https://m.daum.net"))
            startActivity(intent)



        }
    }
}
```

Uri에도 풍선 도움말이 나타납니다. [Alt] + [Enter] 를 눌러줍니다.

```
class MainActivity : AppCompatActivity() {
    override fun onCreate(savedInstanceState: Bundle?) {
        super.onCreate(savedInstanceState)
        setContentView(R.layout.activity_main)

    button2.setOnClickListener {  it: View!

                              ? android.net.Uri? Alt+Enter

        var intent = Intent(Intent.ACTION_VIEW, Uri.parse("https://m.daum.net"))
        startActivity(intent)
                              Unresolved reference: Uri              ⋮
                              Import  Alt+Shift+Enter    More actions... Alt+Enter

                              No documentation found.                ⋮

    }
}
```

import android.net.Uri가 추가된 것을 볼 수 있습니다.

```
1   package com.jun.sample4_2
2
3   import android.content.Intent
4   import android.net.Uri
5   import androidx.appcompat.app.AppCompatActivity
6   import android.os.Bundle
7   import kotlinx.android.synthetic.main.activity_main.*
8
9   class MainActivity : AppCompatActivity() {
10      override fun onCreate(savedInstanceState: Bundle?) {
11          super.onCreate(savedInstanceState)
12          setContentView(R.layout.activity_main)
13
14      button2.setOnClickListener {  it: View!
15
16
17          var intent = Intent(Intent.ACTION_VIEW, Uri.parse( uriString: "https://m.daum.net"))
18          startActivity(intent)
19
20
21
22      }
23
24
25      }
26  }
```

안드로이드 스튜디오 사용 팁

코드 정렬

코드를 작성하다 보면 코드 정렬이 되지 않아 가독성이 떨어지거나 난잡하게 보이는 경우가 있습니다. 초보 프로그래머들에게는 더더욱 그렇습니다. 그래서 안드로이드 스튜디오 같은 대부분의 개발 프로그램들은 코드 정렬이라는 것을 지원합니다. 안드로이드 스튜디오에도 이런 코드 정렬 기능이 있습니다. 코드 정렬이 필요한 부분을 마우스로 드래그하여 영역을 선택합니다.

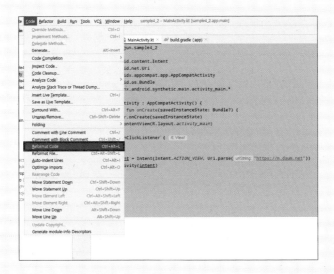

상단의 메뉴에서 Code > Reformat Code를 선택합니다.

그럼 코드 정렬이 이루어진 것을 확인할 수 있습니다. 코드 정렬이 습관화되면 코드 해석에도 많은 도움을 줍니다.

안드로이드 스튜디오에서 실행(▶)을 눌러보겠습니다. 앱이 실행되면 WEB 버튼을 눌러보겠습니다.

버튼을 누르면 안드로이드 가상 에뮬레이터 안의 브라우저가 실행이 되면서 해당 웹 페이지로 이동하는 것을 볼 수 있습니다. 스마트폰에서 실행했을 경우 스마트폰 안에 내장되어 있는 인터넷브라우저가 실행되며 해당 사이트로 이동합니다.

전체코드는 다음과 같습니다.

MainActivity.kt

```kotlin
packagecom.jun.sample4_2

import android.content.Intent
import android.net.Uri
import androidx.appcompat.app.AppCompatActivity
import android.os.Bundle
import kotlinx.android.synthetic.main.activity_main.*

class MainActivity: AppCompatActivity() {
    override fun onCreate(savedInstanceState: Bundle?) {
        super.onCreate(savedInstanceState)
        setContentView(R.layout.activity_main)

        button2.setOnClickListener {
            var intent = Intent(Intent.ACTION_VIEW, Uri.parse
            ("https://m.daum.net"))
            startActivity(intent)
        }
    }
}
```

activity_main.xml

```xml
<?xml version="1.0" encoding="utf-8"?>
<androidx.constraintlayout.widget.ConstraintLayoutxmlns:android="http://schemas.android.com/apk/res/android"
xmlns:app="http://schemas.android.com/apk/res-auto"
xmlns:tools="http://schemas.android.com/tools"
android:layout_width="match_parent"
android:layout_height="match_parent"
tools:context=".MainActivity">

<Button
    android:id="@+id/button2"
    android:layout_width="wrap_content"
    android:layout_height="wrap_content"
    android:text="Web"
```

```
        app:layout _ constraintBottom _ toBottomOf="parent"
        app:layout _ constraintEnd _ toEndOf="parent"
        app:layout _ constraintHorizontal _ bias="0.498"
        app:layout _ constraintStart _ toStartOf="parent"
        app:layout _ constraintTop _ toTopOf="parent"
        app:layout _ constraintVertical _ bias="0.14" />
</androidx.constraintlayout.widget.ConstraintLayout>
```

우리는 이번 학습에서 다음과 같은 코드를 추가하였습니다.

```
var intent = Intent(Intent.ACTION _ VIEW, Uri.parse("https://m.daum.
net"))
startActivity(intent)
```

이 코드에는 인텐트(Intent)라는 객체가 나옵니다. 인텐트는 화면을 이동하고 정보를 전달하는
등의 기능을 합니다. Intent 다음에 점(.)을 입력하면 다음과 같이 적용 가능한 요소들이 나옵니
다. 점(.)은 함수를 호출한다는 의미입니다.

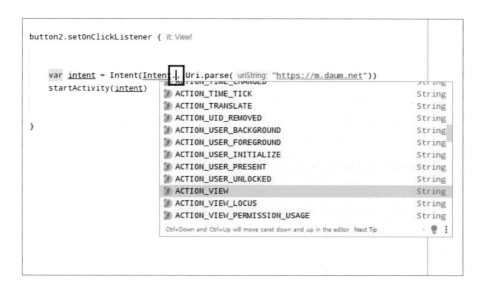

이처럼 코드를 작성을 하면서 하나하나 확인하면 어느 정도는 의미를 알 수 있는 것들이 많이 있습니다. 앞으로도 코드 학습 후 실험 정신을 발휘하여 인터넷 검색 능을 통해 학습 효율을 더 높이기 바랍니다.

 ## 안드로이드 스튜디오 사용 팁

오류 해결

모든 프로그램은 진행 중에 오류가 발생할 수 있습니다. 그래서 프로그램을 개발하고 배포한 후에는 프로그램 안정화라는 진행 과정이 있습니다. 하지만 아무리 그런 안정화 과정을 거친다고 해도 오류는 언제나 발생합니다. 안드로이드 스튜디오도 마찬가지입니다.

안드로이드 스튜디오를 통하여 앱을 개발하다가 알 수 없는 오류가 발생한다면 개발 중인 앱을 컴파일 초기화해 보는 것도 좋은 방법입니다. 컴파일(Compile)은 코드를 바이너리 파일로 변화하는 과정을 말합니다. 즉, 컴퓨터가 이해할 수 있는 언어로 바꾸는 과정입니다.

상단의 메뉴에서 Build > Clean Project를 눌러 진행하면 됩니다.

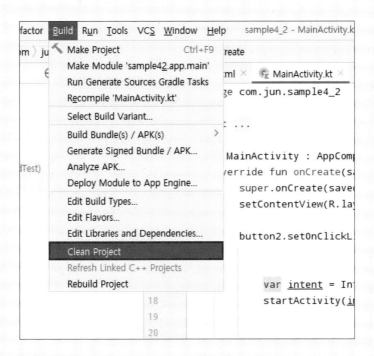

반드시 오류가 해결되는 것은 아니지만 어느 정도 도움을 받을 수 있습니다.

그리고, 프로젝트를 다시 빌드(Build)하는 방법도 있습니다. 빌드(Build)는 코드를 컴퓨터가 실행할 수 있는 앱으로 만드는 과정입니다. 상단의 메뉴에서 Build > Rebuild Project를 눌러 진행하면 됩니다.

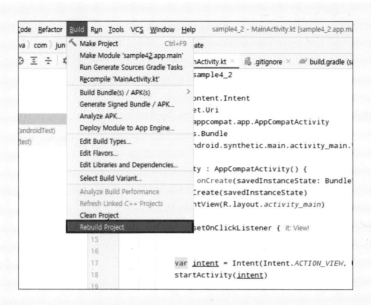

위의 두 가지 방법을 잘 활용하여 혹시 발생할 수 있는 안드로이드 스튜디오의 오류 현상을 해결할 수 있기를 바랍니다.

 ## 3. 다른 화면으로 이동하기

이번에는 여러 화면으로 이동하는 기능을 학습해 보도록 하겠습니다. 처음 화면에 있는 메뉴 중 원하는 것을 선택하면 해당 화면으로 이동하는 기능입니다. 다음은 일반적인 메뉴 구성과 화면 이동입니다.

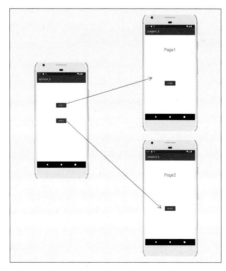

이동할 각각의 화면에는 메뉴에 해당하는 내용을 입력하면 됩니다. 그럼 지금부터 앱의 기능 구현에 대해 알아보도록 하겠습니다. 새로운 프로젝트를 생성합니다. [New Project]를 누릅니다.

앱의 기본 템플릿을 선택하는 화면입니다. [Empty Activity]를 선택합니다.

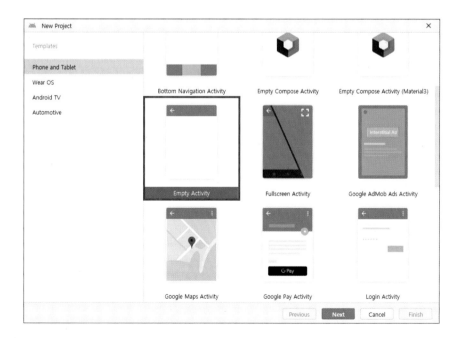

앱 프로젝트 이름을 적고 [Finish]를 누릅니다. 언어(Language)는 Kotlin을 선택합니다. 다른 옵션들은 내가 원하는 것으로 변경을 해도 되고, 기본적으로 선택된 것으로 진행해도 됩니다.

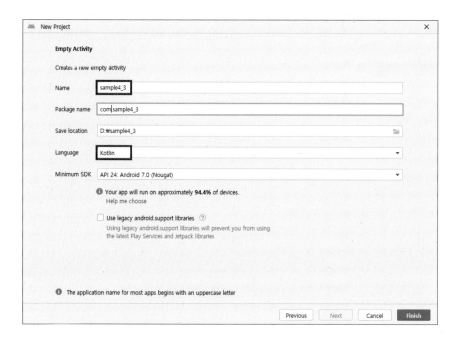

기본적인 프로젝트가 완성되었습니다.

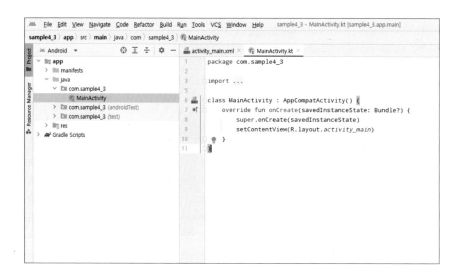

Gradle Scripts 〉 build.gradle(Moudle:app)에 코틀린 확장 플러그인(Plugin)인 id 'kotlin-android-extensions' 코드를 추가합니다.

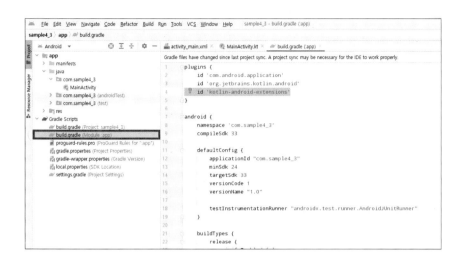

코드 추가가 완료되었으면 우측 상단의 Sync Now를 눌러서 적용시켜 줍니다.

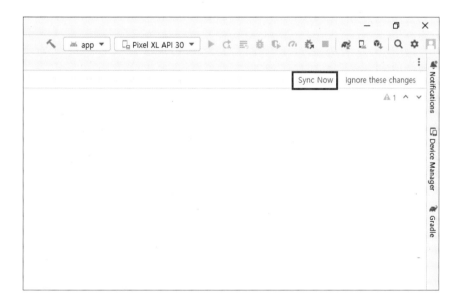

화면 추가

지금까지 기본적인 앱 프로젝트가 완성이 되었습니다. 이제는 이동할 수 있는 화면을 추가해야 합니다. 두 개의 화면을 추가하겠습니다.

폴더 위에 마우스 오른쪽 버튼을 눌러 New > Activity > Empty Activity를 선택합니다.

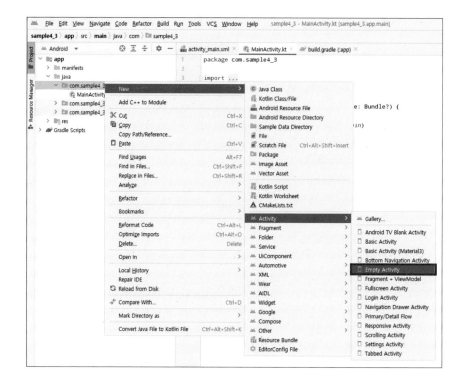

새로 만들어지는 화면의 이름을 page1이라고 적고 [Finish]를 누릅니다.

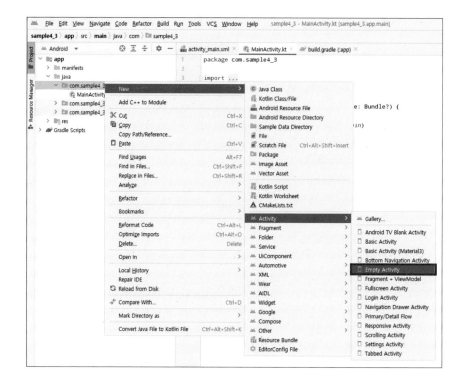

그림과 같이 화면이 추가된 것을 확인할 수 있습니다. Activity 파일과 xml 파일이 추가되었습니다.

두 번째 화면을 추가합니다. 폴더 위에 마우스 오른쪽 버튼을 눌러 New > Activity > Empty Activity를 선택합니다. 화면의 이름을 작성하는 화면이 나타나면 page2라고 적습니다. 그리고 [Finish]를 누릅니다.

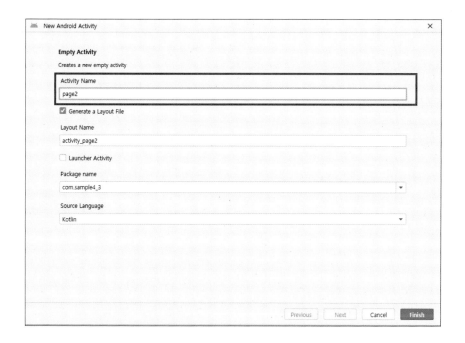

두 개의 화면이 추가되었습니다.

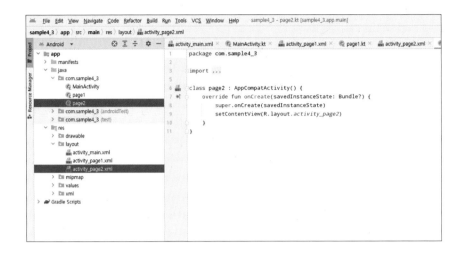

이번에는 처음 화면에서 각각 화면으로 이동하는 버튼을 만들어 보겠습니다. 기본 화면 중앙에 있는 텍스트를 선택한 후 삭제를 합니다.

마우스로 버튼 두 개를 화면으로 이동하여 배치합니다.

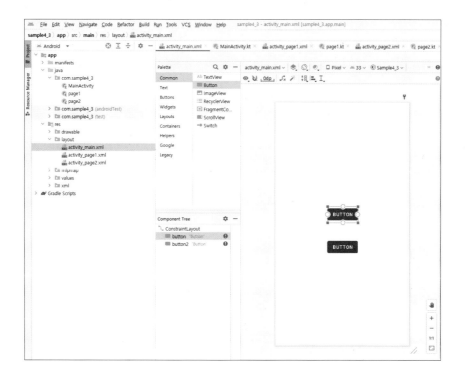

버튼의 위치를 잡아야 합니다. 마우스로 버튼을 누르고 첫 번째 버튼의 상하좌우를 화살표로 연결합니다.

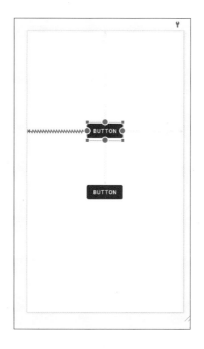

두 번째 버튼의 상하좌우도 화살표로 연결합니다.

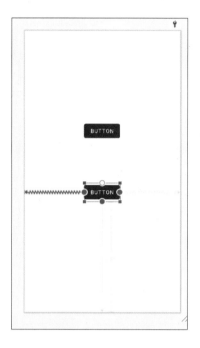

첫 번째 버튼을 누르고 우측 속성 창에서 버튼 아이디(ID) 이름을 정합니다. 기본적으로 입력되어 있는 버튼 아이디(ID)를 사용해도 되며, 각 버튼 당 중복만 되지 않으면 됩니다.

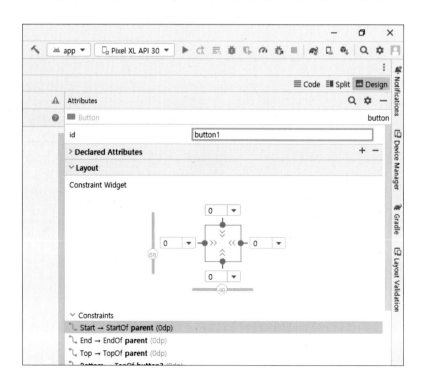

아이디 입력 후 다음과 같은 Rename 창이 나타나는 경우가 있습니다. 그럼 [Refactor]를 눌러 줍니다.

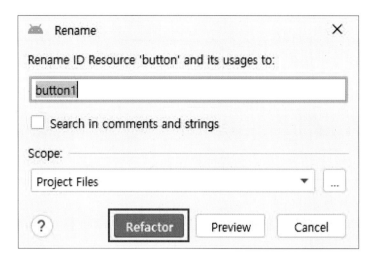

버튼 아이디(ID) 확정이 되었으면 버튼을 누르고 우측 속성 창에서 버튼 아이디(ID)가 아니라 버튼에 보이는 이름을 작성합니다. 첫 번째 버튼에 page1을 입력합니다.

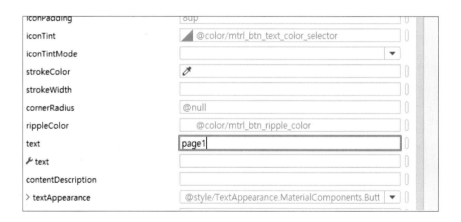

두 번째 버튼에 page2를 입력합니다.

backgroundTintMode	▼
icon	🖼
iconPadding	8dp
iconTint	@color/mtrl_btn_text_color_selector
iconTintMode	▼
strokeColor	🖊
strokeWidth	
cornerRadius	@null
rippleColor	@color/mtrl_btn_ripple_color
text	page2
🔧 text	
contentDescription	
› textAppearance	@style/TextAppearance.MaterialComponents.Butt ▼
alpha	

지금까지 작성된 상태에서 실행(▶)을 눌러 가상 에뮬레이터를 실행합니다. 그럼 정상적으로 화면
이 나타나는 것을 확인할 수 있습니다.

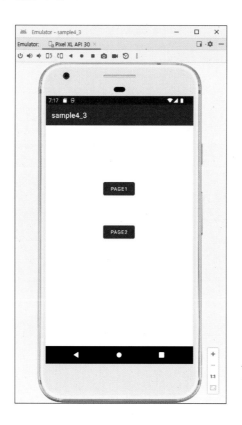

긱긱 연결되는 페이지 추가하기

초기 페이지 역할을 하는 메인 액티비티(MainActivity)에서 각각의 페이지로 이동하는 코딩과 각각 연결된 페이지에서 메인 액티비티로 올 수 있는 버튼을 추가하고 코딩을 해 보겠습니다.

먼저 추가한 page1의 xml 파일의 화면을 구성하겠습니다.

버튼을 마우스로 드래그해서 화면 중앙에 배치합니다.

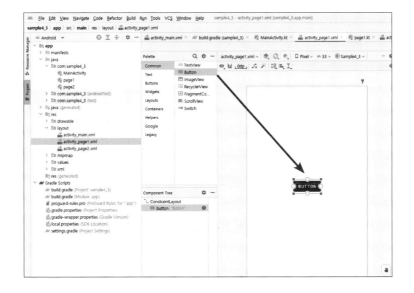

버튼을 중앙에 배치할 수 있도록 버튼을 마우스로 누르고 화살표를 상하좌우 연결해 줍니다.

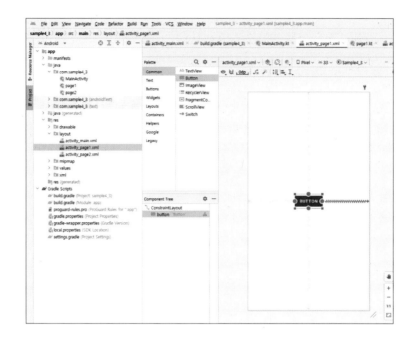

버튼을 마우스로 누르면 화면 우측 상단에 버튼 속성 창 영역이 나타나는데, 속성 창 상단의 버튼 아이디(ID) 입력란에 page1으로 입력한 후 Enter를 눌러줍니다. 다음과 같은 팝업 창이 나타나면 [Refactor]를 눌러 줍니다.

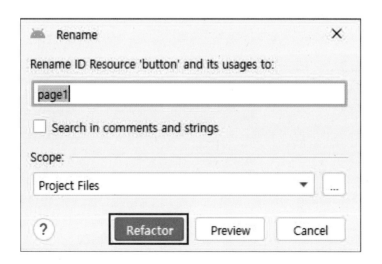

그리고 속성 창 중간 부분에 보면 버튼 이름을 변경할 수 있는 text 입력란이 있는데, 버튼을 누르면 메인 액티비티로 이동할 것이므로 'HOME'이라고 입력합니다.

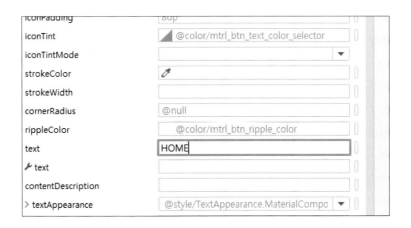

그럼 버튼 안의 내용이 'HOME'으로 변경된 것을 볼 수 있습니다.

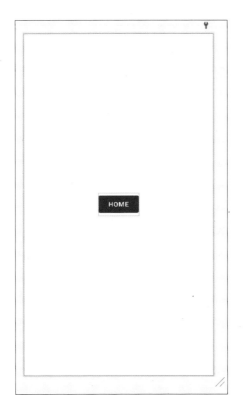

두 번째 화면인 page2도 동일하게 버튼을 추가하고 우측 상단의 버튼 속성 창에 버튼 아이디 (ID)를 page2로 변경하고 Enter 를 누릅니다.

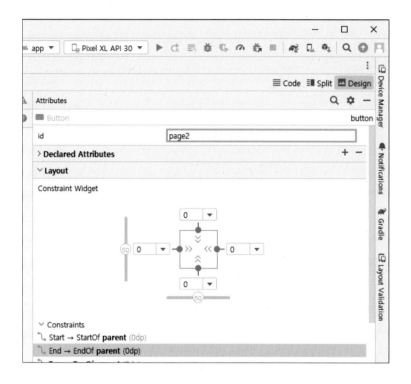

그러면 다음과 같은 팝업 창이 나타나는데 [Refactor]를 눌러 줍니다.

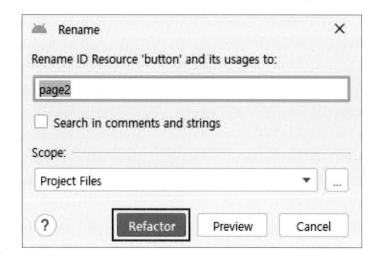

그리고 page1과 동일하게 속성 창 중간 부분에 보면 버튼 이름을 변경할 수 있는 text 입력란이 있는데 'HOME'이라고 입력합니다.

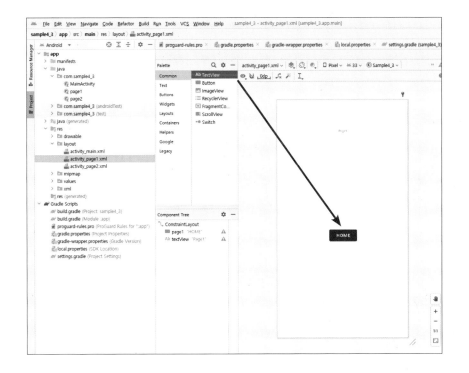

각 페이지를 구분할 수 있도록 텍스트를 추가하도록 하겠습니다. 팔레트에 있는 텍스트뷰를 화면에 가지고 옵니다. 그리고 우측의 텍스트뷰 속성 창의 텍스트를 page1로 변경합니다.

텍스트뷰 위치를 고정하기 위해서 버튼과 화살표로 연결을 합니다.

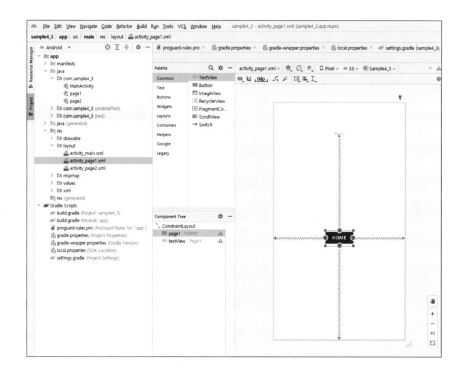

텍스트뷰를 화면 상단과 연결합니다. 그런데 텍스트뷰에 있는 텍스트 내용이 너무 작아 보입니다. 폰트 크기를 키워 보겠습니다.

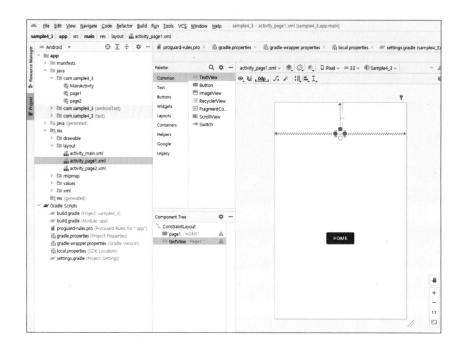

텍스트뷰를 마우스로 선택하면 비튼과 같이 오른쪽에 속성 창을 볼 수 있습니다. 속성 창 안에 textSize를 찾아서 폰트 크기 숫자를 높입니다. SP(Scale-Independent Pixels) 단위는 시스템 환경에 따라 폰트 크기가 변할 수 있는 단위입니다.

page1과 page2 모두 텍스트뷰를 추가하고 위치를 정하고 textSize를 키웁니다. 그럼 그림과 같이 글씨 크기가 커진 것을 볼 수 있습니다. 이제는 화면 이동 시 어느 페이지로 이동했는지 확인이 가능합니다.

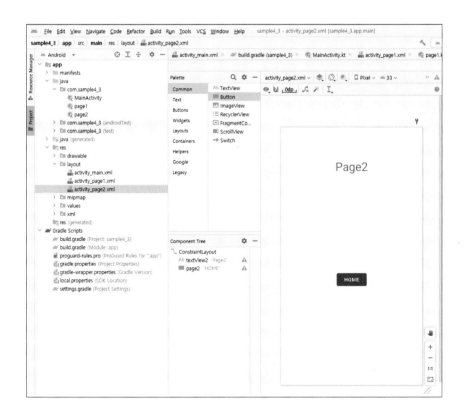

이제는 메인 페이지(MainActivity)에서 각각 페이지로 이동하는 것에 대한 코딩을 진행하겠습니다.

첫번째 버튼에 대한 코드를 다음과 같이 작성합니다.

```
val btn1 = findViewById<Button>(R.id.button1)

btn1.setOnClickListener {

    val intent = Intent(this, page1::class.java)
    startActivity(intent)


}
```

Intent 위에 파란 풍선 도움말이 나오면 Alt + Enter 를 누릅니다.

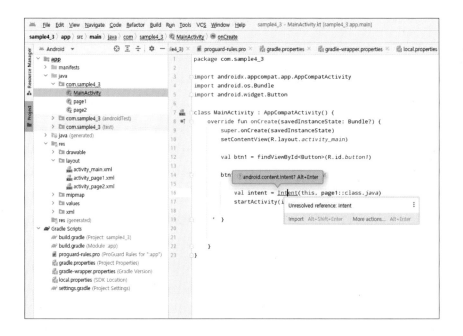

상단에 import android.content.Intent가 추가된 것을 볼 수 있습니다.

두 번째 버튼도 동일하게 코드를 작성합니다.

첫 번째와 두 번째 버튼은 동일한 형태로 작성이 되었습니다.

```kotlin
val btn1 = findViewById<Button>(R.id.button1)
// 버튼 1의 아이디를 찾아서 btn1이라는 변수에 할당한다는 의미입니다.

btn1.setOnClickListener {
// btn1을 누르면 어떤 동작을 하라는 내용을 작성합니다.

    val intent = Intent(this, page1::class.java)
    // 인텐트(Intent)는 화면 간의 통신을 담당하는 함수입니다. page1이라는 화면을 불러오라는
    의미입니다. 여기서 this는 MainActivity를 의미합니다.

    startActivity(intent)
    // 액티비티 화면을 전환하라는 의미입니다. 즉, page1로 화면을 전환하라는 의미입니다.
}
```

page1 화면에 대한 코느늘 삭성하셌습니다.

```
val pagebtn1 - findViewById<Button>(R.id.page1)
```

R.id 다음에 점(.)을 입력하면 다음 그림과 같이 id로 정의한 목록이 나타납니다. page1에 있는 버튼 아이디 page1을 선택합니다.

버튼 이벤트 관련 기능 코드를 작성합니다. pagebtn1을 입력한 후 점(.)을 입력하면 다음 그림과 같이 버튼 이벤트인 setOnClickListener 목록이 나타납니다. 중괄호 {}가 있는 setOnClickListener를 선택합니다.

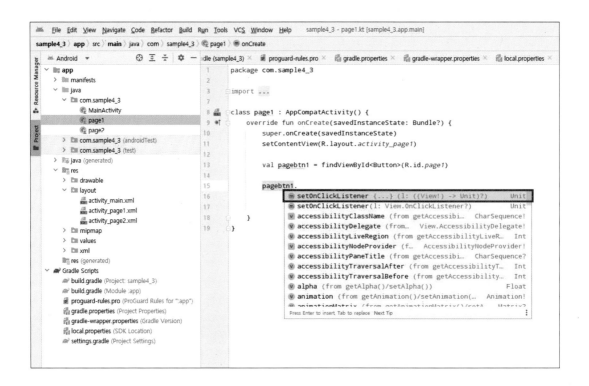

그럼 입력할 수 있는 영역의 구조가 생성됩니다.

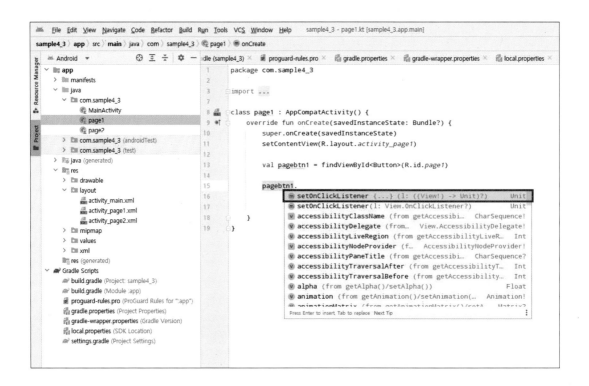

finish()라고 코딩을 합니다. 화면을 종료한다는 종료 함수입니다. 각 페이지로 이동하여 해당 페이지 page1과 page2에서 버튼을 누르면 화면이 종료되어 메인 화면이 나타납니다.

page2에도 동일하게 코딩을 합니다.

코딩을 완료하였습니다. 실행 버튼을 눌러 앱을 실행하겠습니다.

MainActivity가 나타나면 버튼 PAGE1을 누릅니다.

화면 이동을 하였습니다. [HOME] 버튼을 누릅니다.

다시 메인 페이지로 이동합니다. 안드로이드 스튜디오 에뮬레이터에서 키보드 [Ctrl]+마우스 클릭을 하면 그림과 같이 두 개의 포인트 연결이 나타납니다. 이것은 두 손가락의 확대, 축소를 할 수 있는 기능을 제공해 줍니다. 실제 스마트폰에서 사용하는 손가락 누 개로 확대, 축소를 하는 것을 의미합니다. 구글 맵과 같이 확대 축소가 필요한 부분에 사용하기 바랍니다.

 ## 안드로이드 스튜디오 사용 팁

가상 스마트폰 에뮬레이터

안드로이드 스튜디오의 가상 스마트폰 에뮬레이터의 다양한 기능들을 알아보겠습니다. 우선 확대하는 방법입니다. 구글 맵이나 이미지를 볼 때 확대가 필요한 상황이면 실제 스마트폰에서는 두 손가락을 이용하여 확대를 합니다. 안드로이드 스튜디오의 가상 에뮬레이터에서는 손으로 확대를 할 수 없지만 키보드의 [Ctrl] + 마우스 왼쪽 버튼을 누르면 확대, 회전이 가능합니다.

이렇게 두 개의 점을 잇는 줄이 나타나면서 확대 회전이 가능합니다.

안드로이스 스튜디오 안의 가상 에뮬레이터는 그림과 같이 Dock 안에 들어 있습니다. Dock 안에 있는 에뮬레이터를 창(Window) 형태로 설정할 수 있습니다. 톱니 모양의 설정 버튼을 누릅니다.

메뉴가 나타납니다. View Mode > Window를 선택합니다.

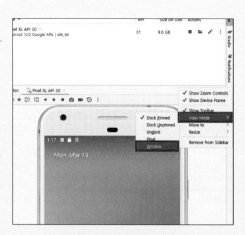

이제 창(Window) 형태의 에뮬레이터가 설정되었습니다.

이 외에도 다양한 기능이 있는데, 주요 기능을 더 알아보도록 하겠습니다.

파워 아이콘입니다. 에뮬레이터를 완전 종료하는 것이 아니라 잠금 기능입니다.

다음은 볼륨입니다. 볼륨을 올리고 내릴 수 있습니다.

다음은 회전입니다. 스마트폰의 가로, 세로를 설정할 수 있습니다. 이 기능을 이용해 앱의 가로, 세로 모드 테스트를 할 수 있습니다.

다음은 Take Screenshot입니다. 화면을 캡처할 수 있습니다.

다음은 동영상 캡처 기능입니다. 화면에서 이루어지는 상황을 동영상으로 녹화할 수 있습니다.
그리고 카메라 아이콘 우측은 스냅숏(SanpShots)입니다.

비튼을 **누르면** 디음과 같은 인도우가 나타납니다. 그리고 [Takc Snapshot] 버튼을 누르면 화면이 그림과 같이 캡처가 됩니다.

마지막으로 Dock 버튼을 누르면 에뮬레이터가 창 모드가 아닌 처음의 Dock 모드로 변경됩니다.

지금까지 가상 에뮬레이터의 주요 기능에 대해 알아보았습니다. 이 기능들은 개발을 하면서 앱 테스트를 가능하게 해 줍니다. 주요 기능들을 학습하여 앱 개발 및 테스트에 도움이 되기를 바랍니다.

PAGE2 버튼을 누릅니다.

page2 화면으로 이동하는 것을 확인할 수 있습니다.

지금까지 화면 추가 하는 방법과 화면 이동에 대해 알아 보았습니다.

전체 코드는 다음과 같습니다.

MainActivity.kt

```kotlin
import android.content.Intent
import androidx.appcompat.app.AppCompatActivity
import android.os.Bundle
import android.widget.Button

class MainActivity: AppCompatActivity() {
    override fun onCreate(savedInstanceState: Bundle?) {
        super.onCreate(savedInstanceState)
        setContentView(R.layout.activity_main)

        val btn1 = findViewById<Button>(R.id.button1)
        btn1.setOnClickListener {

            val intent = Intent(this, page1::class.java)
            startActivity(intent)

        }

        val btn2 = findViewById<Button>(R.id.button2)
        btn2.setOnClickListener {

            val intent = Intent(this, page2::class.java)
            startActivity(intent)

        }
    }
}
```

activity _ main.xml

```xml
<?xml version="1.0" encoding="utf-8"?>
<androidx.constraintlayout.widget.ConstraintLayout
xmlns:android="http://schemas.android.com/apk/res/android"
xmlns:app="http://schemas.android.com/apk/res-auto"
xmlns:tools="http://schemas.android.com/tools"
android:layout _ width="match _ parent"
android:layout _ height="match _ parent"
tools:context=".MainActivity">

<Button
    android:id="@+id/button1"
    android:layout _ width="wrap _ content"
    android:layout _ height="wrap _ content"
    android:text="page1"
    app:layout _ constraintBottom _ toTopOf="@+id/button2"
    app:layout _ constraintEnd _ toEndOf="parent"
    app:layout _ constraintHorizontal _ bias="0.498"
    app:layout _ constraintStart _ toStartOf="parent"
    app:layout _ constraintTop _ toTopOf="parent"
    app:layout _ constraintVertical _ bias="0.68" />

<Button
    android:id="@+id/button2"
    android:layout _ width="wrap _ content"
    android:layout _ height="wrap _ content"
    android:layout _ marginBottom="288dp"
    android:text="page2"
    app:layout _ constraintBottom _ toBottomOf="parent"
    app:layout _ constraintEnd _ toEndOf="parent"
    app:layout _ constraintHorizontal _ bias="0.498"
    app:layout _ constraintStart _ toStartOf="parent" />
</androidx.constraintlayout.widget.ConstraintLayout>
```

page1.kt

```kotlin
import android.content.Intent
import androidx.appcompat.app.AppCompatActivity
import android.os.Bundle
import android.widget.Button

class page1: AppCompatActivity() {
    override fun onCreate(savedInstanceState: Bundle?) {
        super.onCreate(savedInstanceState)
        setContentView(R.layout.activity_page1)

        val pagebtn1 = findViewById<Button>(R.id.page1)

        pagebtn1.setOnClickListener {

            finish()

        }
    }
}
```

activity _ page1.xml

```xml
<?xml version="1.0" encoding="utf-8"?>
<androidx.constraintlayout.widget.ConstraintLayout
xmlns:android="http://schemas.android.com/apk/res/android"
xmlns:app="http://schemas.android.com/apk/res-auto"
xmlns:tools="http://schemas.android.com/tools"
android:layout_width="match_parent"
android:layout_height="match_parent"
tools:context=".page1">

<Button
    android:id="@+id/page1"
    android:layout_width="wrap_content"
    android:layout_height="wrap_content"
    android:text="HOME"
    app:layout_constraintBottom_toBottomOf="parent"
    app:layout_constraintEnd_toEndOf="parent"
    app:layout_constraintStart_toStartOf="parent"
```

```
        app:layout _ constraintTop _ toBottomOf="@+id/textView" />

<TextView
    android:id="@+id/textView"
    android:layout _ width="wrap _ content"
    android:layout _ height="wrap _ content"
    android:layout _ marginTop="88dp"
    android:text="Page1"
    android:textSize="10sp"
    app:layout _ constraintEnd _ toEndOf="parent"
    app:layout _ constraintHorizontal _ bias="0.498"
    app:layout _ constraintStart _ toStartOf="parent"
    app:layout _ constraintTop _ toTopOf="parent" />
</androidx.constraintlayout.widget.ConstraintLayout>
```

page2.kt

```kotlin
import androidx.appcompat.app.AppCompatActivity
import android.os.Bundle
import android.widget.Button

class page2: AppCompatActivity() {
    override fun onCreate(savedInstanceState: Bundle?) {
        super.onCreate(savedInstanceState)
        setContentView(R.layout.activity _ page2)

        val pagebtn2 = findViewById<Button>(R.id.page2)

        pagebtn2.setOnClickListener {

            finish()

        }
    }
}
```

activity _ page2.xml

```xml
<?xml version="1.0" encoding="utf-8"?>
<androidx.constraintlayout.widget.ConstraintLayout
xmlns:android="http://schemas.android.com/apk/res/android"
xmlns:app="http://schemas.android.com/apk/res-auto"
xmlns:tools="http://schemas.android.com/tools"
android:layout _ width="match _ parent"
android:layout _ height="match _ parent"
tools:context=".page2">

<TextView
    android:id="@+id/textView2"
    android:layout _ width="wrap _ content"
    android:layout _ height="wrap _ content"
    android:layout _ marginTop="88dp"
    android:text="Page2"
    android:textSize="34sp"
    app:layout _ constraintEnd _ toEndOf="parent"
    app:layout _ constraintHorizontal _ bias="0.498"
    app:layout _ constraintStart _ toStartOf="parent"
    app:layout _ constraintTop _ toTopOf="parent" />

<Button
    android:id="@+id/page2"
    android:layout _ width="wrap _ content"
    android:layout _ height="wrap _ content"
    android:text="HOME"
    app:layout _ constraintBottom _ toBottomOf="parent"
    app:layout _ constraintEnd _ toEndOf="parent"
    app:layout _ constraintHorizontal _ bias="0.498"
    app:layout _ constraintStart _ toStartOf="parent"
    app:layout _ constraintTop _ toBottomOf="@+id/textView2" />
</androidx.constraintlayout.widget.ConstraintLayout>
```

4. 간단한 브라우저 만들기

웹을 보여주는 웹뷰(WebView)라는 구성 요소를 이용하여 간단한 브라우저를 만들어보겠습니다. 앞에서 배운 사이트 이동은 스마트폰 자체에 내장된 브라우저를 이용하여 보여주는 방식이었습니다. 이번에는 앱 안에 직접 브라우저를 삽입하여 인터넷을 이용할 수 있는 기능을 가진 앱을 만들어보겠습니다.

앱이 실행되면 웹뷰(WebView)가 실행되면서 미리 설정된 초기 페이지가 열리고 인터넷 브라우저 기능과 같이 앞(GO), 뒤(BACK), 새로고침(RELOAD) 기능을 할 수 있는 간단한 브라우저입니다.

[New Project]를 선택합니다.

앱 템플릿 [Empty Activity]를 선택하고 [Next]를 누릅니다

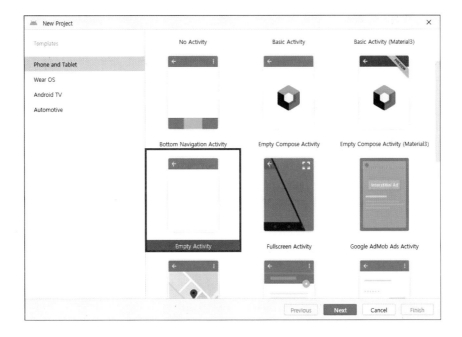

앱 이름을 적어주고 언어는 Kotlin을 선택합니다. 그리고 [Finish]를 누릅니다.

기본적인 앱 프로젝트가 생성되었습니다.

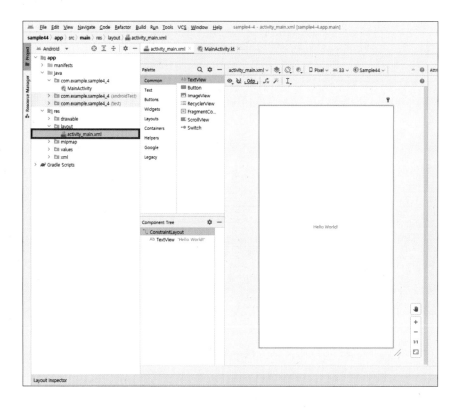

res > activity_main.xml을 선택하여 화면 구성을 합니다.

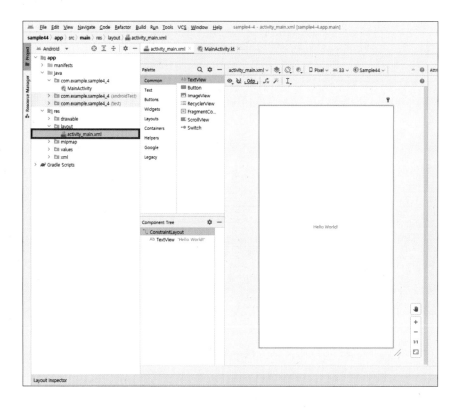

다음은 완성하려는 화면의 구성입니다. 웹뷰(WebView) 위에 버튼이 4개 있고 그 버튼들은 웹뷰를 컨트롤하는 버튼입니다. 우리가 흔히 볼 수 있는 브라우저의 BACK, HOME, RELOAD, GO 버튼입니다.

그럼 이제 다음 그림과 같은 레이아웃을 구성하도록 하겠습니다.

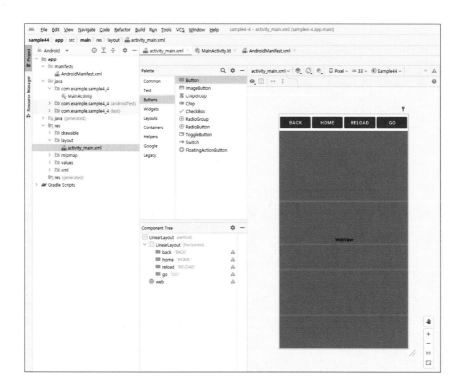

먼저 레이아웃의 구조를 선택합니다. 화면에 각각의 요소들을 배치할 때 가로로 요소들이 쌓이는 구조인 LinearLayout(horizontal)인지 아니면 세로로 쌓이는 구조인 LinearLayout(vertical)인지를 정해야 합니다.

Component Tree의 ConstrainLayout을 선택합니다.

마우스 오른쪽 버튼을 누르면 메뉴 목록이 나타나는데 Convert view…를 선택합니다.

그럼 설정하는 창이 나타나는데 LinearLayout을 선택합니다. 이 설정은 가로, 세로로 쌓이는 구조로 설정하는 것을 의미합니다.

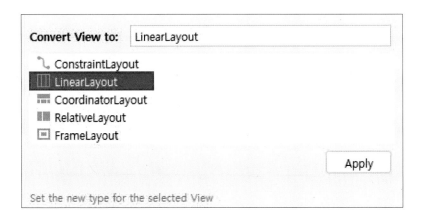

Component Tree가 설정된 것을 볼 수 있습니다. 세로로 쌓이는 구조 LinearLayout(vertical)로 설정되었습니다.

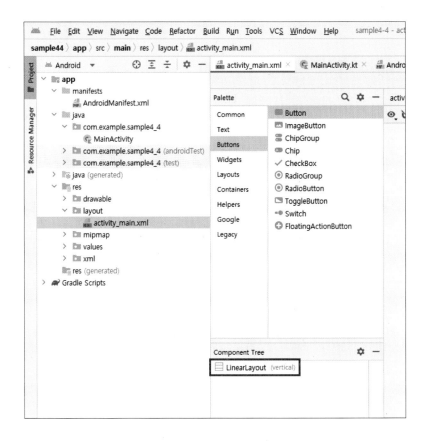

화면에 버튼 4개와 웹뷰(WebView)를 마우스로 드래그해서 배치합니다. 세로로 쌓이는 것을 볼 수 있습니다.

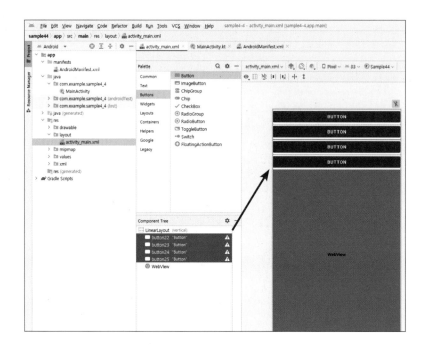

버튼 4개를 각각 누르면서 우측 버튼 속성 창의 버튼 아이디를 back, home, reload, go로 변경합니다. 다음과 같은 창이 나타나면 [Refactor]를 누릅니다.

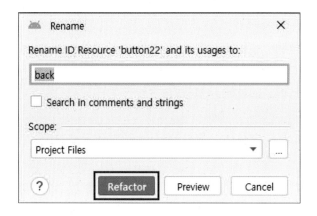

버튼의 아이디가 변경된 것을 볼 수 있습니다.

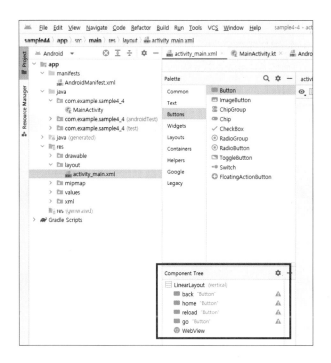

배치한 버튼이 세로로 쌓인 부분을 가로로 변경해야 합니다. 팔레트의 LinearLayout(horizontal)를 선택합니다.

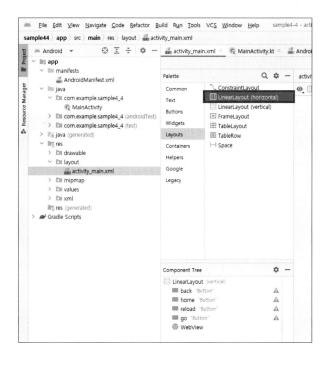

선택된 팔레트의 LinearLayout(horizontal)를 Component Tree 안으로 드래그합니다.

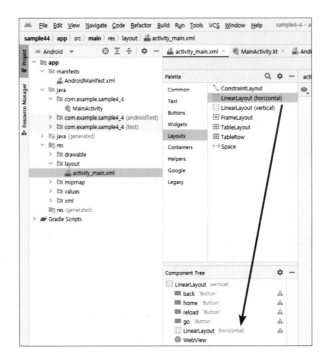

이제 4개의 버튼을 LinearLayout(horizontal)에 포함하는 배치 작업을 해야 합니다. 버튼 4개를 마우스로 선택합니다.

선택된 버튼 4개를 마우스로 LinearLayout(horizontal) 하단 구조로 만들기 위해 다음 그림과 같이 드래그해서 배치합니다. Component Tree는 각각 구성 요소의 포함 구조 형태로 설정할 수 있습니다. 그림과 같이 버튼 4개를 LinearLayout(horizontal) 안에 포함하는 구조로 포함 관계를 구성할 수 있습니다.

그리고 마지막으로 버튼 아이디를 정한 것과 같이 웹뷰(WebView) 아이디를 정합니다. 여기서는 아이디 이름을 web으로 정하겠습니다.

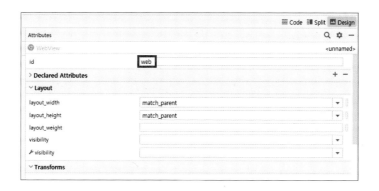

실행을 눌러 안드로이드 에뮬레이터로 구성된 화면을 보겠습니다. 4개의 버튼은 보이지 않고 상단에 하나의 버튼만 보이며, 하단에는 빈 공간만 있는 것을 볼 수 있습니다.

이 빈 공간은 웹뷰가 있는 영역입니다. 아직 인터넷 브라우저 연결에 대한 코딩을 하지 않아서 빈 공간으로 보이는 것입니다.

그런데 현재 버튼은 4개인데 하나만 보이고 있습니다. 그 이유는 LinearLayout(horizontal)으로 변경을 하여 버튼 4개가 세로에서 가로로 변경되어서 나타나는 현상입니다. 나머지 3개는 오른쪽으로 사라진 상태라고 보면 됩니다.

버튼이 늘어나서 보이지 않는 부분에 대한 부분을 다시 설정해야 합니다. 버튼의 속성을 보면 Layout_weight가 있습니다. Layout_weight는 특정 비율로 길이를 디바이스 크기에 맞추는 속성입니다. 특별한 단위는 없고 숫자를 입력하면 됩니다.

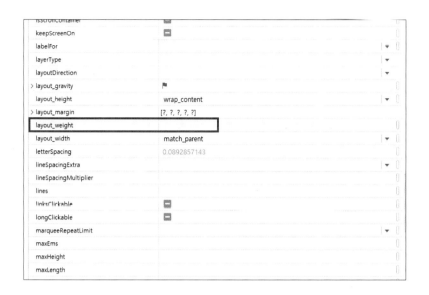

4개의 버튼에 Layout_weight 값을 각각 1로 설정하면 동일한 너비의 버튼으로 설정됩니다.

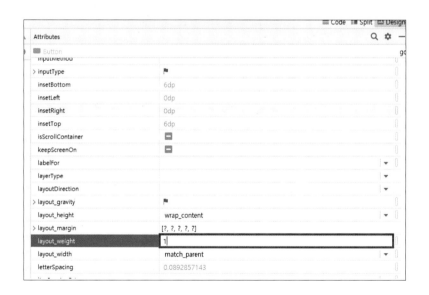

설정을 하고 다시 안드로이드 에뮬레이터를 실행하면 다음과 같이 동일한 비율의 버튼으로 보이는 것을 확인할 수 있습니다. 그런데 다른 문제가 발생하였습니다. 버튼이 서로 너무 붙어있습니다. 버튼끼리의 간격을 조절하는 설정을 하도록 하겠습니다.

버튼을 마우스로 선택하고 우측의 속성에서 Layout_margin을 선택합니다. 펼침을 하면 설정의 세부사항을 볼 수 있습니다. layout_margin을 1dip으로 입력하고 [Enter]를 누릅니다. dip는 Density–Independent Pixel의 약자이며 직역하면 '밀도에 독립적'이라는 의미입니다. 해상도에 관계없이 이미지를 같은 비율로 표현한다는 의미입니다. 4개의 버튼을 동일하게 레이아웃 마진 (Layout_margin)을 줍니다.

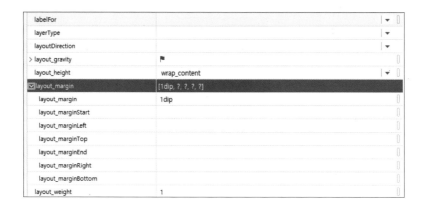

그리고 안드로이드 에뮬레이터를 실행하면 레이아웃 마진이 적용되어 보입니다.

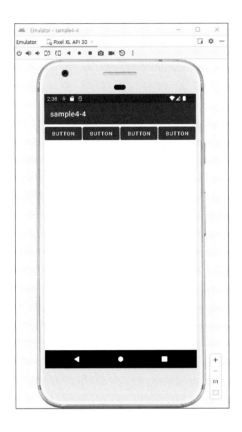

이번에는 웹뷰의 레이아웃 높이 비율을 정해야 합니다. 버튼 크기 비율을 정한 것과 동일하게 웹
뷰를 선택한 후 속성의 Layout_weight를 9로 입력하고 Enter 를 누릅니다. 상단의 버튼 높이에
해당하는 비율을 1로 가정하여 9로 입력을 하였습니다. 버튼의 속성 Layout_weight에는 1이라
고 입력을 하지 않아도 적당한 비율로 구성이 됩니다.

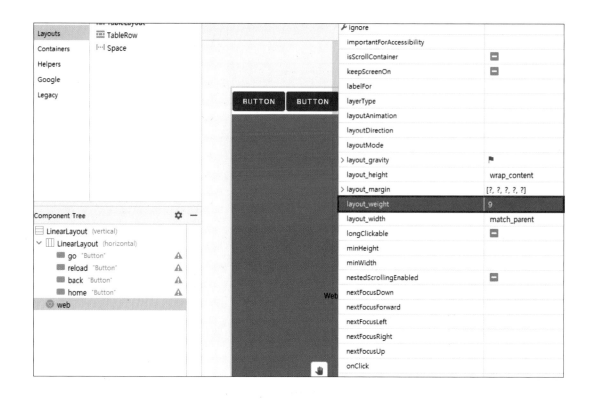

레이아웃 화면에서 웹뷰를 선택하면 적당한 크기로 자리를 잡은 것을 확인할 수 있습니다.

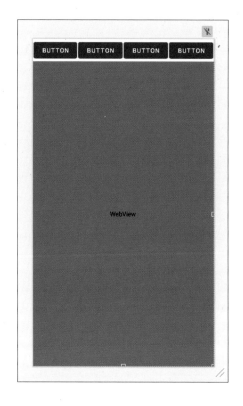

한가지 더 설정할 것이 있습니다. 웹뷰 속성에서 layout_height를 wrap_content로 설정합니다. 이렇게 하는 이유는 웹뷰의 적당한 높이 폭을 유지하기 위해서입니다.

각 속성의 의미는 다음과 같습니다.

속성	설명
keepScreenOn	화면이 꺼지지 않도록 유지
labelFor	웹뷰를 설명하는 라벨을 설정하고 접근성(Accessibility) 관련 설정 사용
layerType	웹뷰의 그래픽 렌더링 방식을 제어
layoutAnimation	웹뷰가 나타나거나 사라질 때 애니메이션 설정 효과
layoutDirection	아랍어는 우에서 좌로 글을 읽는 것처럼 웹뷰의 레이아웃 방향 설정
layoutModel	웹뷰의 레이아웃 모드 설정 LAYOUT_MODE_CLIP_BOUNDS: 컨텐츠가 레이아웃 경계를 벗어나더라도 자르지 않고 전체 내용을 표시 LAYOUT_MODE_OPTICAL_BOUNDS: 컨텐츠가 레이아웃 경계를 벗어나는 경우에는 잘려서 표시
layout_gravity	웹뷰의 레이아웃 위치를 부모 뷰 내에서 정렬하는 데 사용
layout_height	웹뷰의 높이 설정. match_parent, wrap_content, 고정된 픽셀 값 등 사용
layout_margin	웹뷰 주변 여백 설정. 위, 아래, 왼쪽, 오른쪽 여백 값을 지정할 수 있음
layout_weight	웹뷰가 차지하는 공간 비율 설정
layout_width	웹뷰의 너비 설정. match_parent, wrap_content, 고정된 픽셀 값 등 사용
longClickable	버튼을 계속 누르고 있는 경우 이벤트를 활성화할지 여부 설정
minHeight	웹뷰의 최소 높이 설정
minWidth	웹뷰의 최소 너비 설정
nestedScrollingEnabled	중첩 스크롤링 지원을 활성화할지 여부 설정

keepScreenOn	▬
labelFor	
layerType	
layoutAnimation	
layoutDirection	
layoutMode	
> layout_gravity	⚑
layout_height	wrap_content
> layout_margin	[?, ?, ?, ?, ?]
layout_weight	9
layout_width	match_parent
longClickable	▬
minHeight	
minWidth	
nestedScrollingEnabled	▬

이제부터는 본격적인 코딩을 진행하도록 하겠습니다. 코딩 영역에 다음과 같이 입력합니다.

```kotlin
class MainActivity: AppCompatActivity() {
override fun onCreate(savedInstanceState: Bundle?) {
        super.onCreate(savedInstanceState)
        setContentView(R.layout.activity_main)

var web1: WebView = findViewById(R.id.web)
    web1.webViewClient = WebViewClient()
    web1.loadUrl("https://m.daum.net")
    web1.settings.javaScriptEnabled = true
    }
}
```

web이라는 아이디를 찾아서 web1의 타입을 WebView로 정의하였다는 의미입니다. 그리고 WebViewClient()라는 함수를 정의하고 앱이 처음 실행되어 웹뷰가 로딩이 되면 해당 사이트로 이동하라는 의미의 코딩입니다.

그리고 마지막 라인의 javaScriptEnabled의 true는 웹뷰 안에서 자바스크립트(JavaScript)가 실행되는 것을 허용한다라는 의미입니다.

웹페이지는 대부분 HTML, CSS, JavaScript로 구성되어 있습니다. 자바스크립트 허용 여부를 false로 변경하면 일부 웹 페이지가 동작을 하지 않아서 보이지 않을 수 있으니 참고하기 바랍니다.

코딩이 다 되었으면 그림과 같이 풍선 도움말이 나타나는 부분에 Alt + Enter 를 눌러줍니다. 상단 import에 관련 패키지 라인이 추가되는 것을 확인할 수 있습니다.

WebViewClient( )도 Alt + Enter 를 눌러 관련 import에 패키지 라인을 추가합니다.

import에 추가된 패키지 라인은 다음과 같습니다.

```
import android.webkit.WebView
import android.webkit.WebViewClient
```

그리고 앱 완성 후 web1.settings.javaScriptEnabled = true 코드의 true를 false로 변경해 보면서 브라우저에서 자바스크립트 사용 유무에 따라 보이는 변경 사항을 확인해 보기 바랍니다.

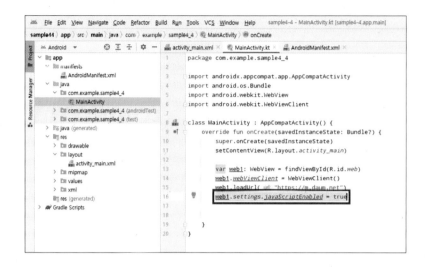

그리고 추가된 웹뷰에 인터넷 연결 권한을 설정해야 합니다. 인터넷 연결 권한을 설정하지 않으면 인터넷이 연결되어 있어도 웹뷰에는 아무런 내용도 표시하지 않습니다.

왼쪽 목록 트리 구조의 manifests >AndroidManifest에 〈uses-permission android:name="android.permission.INTERNET" /〉를 추가합니다.

이 권한 부여는 이후에도 언급을 하겠지만 인터넷 사용 권한 외에 전화, 블루투스, TV 등 여러 가지 외부 연계 권한에 대한 부분들이 있습니다.

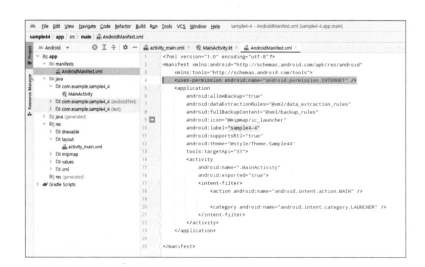

아직 버튼에 대한 기능 구현은 하지 않았지만 이 상태에서 실행해 봅니다. 그럼 웹뷰가 실행되면서 초기 페이지로 설정된 사이트가 보이는 것을 확인할 수 있습니다.

이제 버튼에 대한 기능 구현을 하도록 하겠습니다. 각각 버튼에 아이디, 보이는 버튼 이름을 설정하였습니다.

버튼을 누르면 하단의 웹뷰를 컨트롤하도록 구현하겠습니다.

```
val back _ btn= findViewById<Button>(R.id.back)

back _ btn.setOnClickListener{
web1.goBack()
}
```

버튼을 선언하고 setOnClickListener 안에 버튼을 눌렀을 때 실행되는 기능을 추가합니다.

web1을 누르고 점(.)을 누르면 가능한 함수 목록이 나타납니다.

web1.goBack(): 이전 페이지로 이동

web1.loadUrl("https://m.daum.net"): 해당 페이지로 이동

web1.reload(): 새로고침

web1.goForward(): 다음 페이지로 이동

버튼에 대한 유형은 모두 비슷하므로 4개의 버튼에 대한 코드를 진행합니다.

코드 입력이 완료되면 실행합니다. 웹뷰의 초기 페이지가 나타나는 것을 볼 수 있습니다.

GO, BACK, RELOAD, HOME 기능에 대한 확인도 해보기 바랍니다.

전체 소스는 다음과 같습니다.

MainActivity.kt

```kotlin
importandroid.content.Intent
import androidx.appcompat.app.AppCompatActivity
import android.os.Bundle
import android.webkit.WebView
import android.webkit.WebViewClient
import android.widget.Button

class MainActivity: AppCompatActivity() {
    override fun onCreate(savedInstanceState: Bundle?) {
        super.onCreate(savedInstanceState)
        setContentView(R.layout.activity_main)

        var web1: WebView= findViewById(R.id.web)
        web1.webViewClient = WebViewClient()
        web1.loadUrl("https://m.daum.net")
        web1.settings.javaScriptEnabled = true

        val back_btn= findViewById<Button>(R.id.back)
        back_btn.setOnClickListener{
        web1.goBack()
}

        val home_btn= findViewById<Button>(R.id.home)
        home_btn.setOnClickListener{
        web1.loadUrl("https://m.daum.net")
}

        val reload_btn= findViewById<Button>(R.id.reload)
        reload_btn.setOnClickListener{
        web1.reload()
}

        val go_btn= findViewById<Button>(R.id.go)
        go_btn.setOnClickListener{

            web1.goForward()
            }
```

```
            }
    }
}
```

activity_main.xml

```xml
<?xml version="1.0" encoding="utf-8"?>
<LinearLayoutxmlns:android="http://schemas.android.com/apk/res/an-
droid"
xmlns:app="http://schemas.android.com/apk/res-auto"
xmlns:tools="http://schemas.android.com/tools"
android:layout_width="match_parent"
android:layout_height="match_parent"
android:orientation="vertical"
tools:context=".MainActivity" >

<LinearLayout
    android:layout_width="match_parent"
    android:layout_height="wrap_content"
    android:layout_weight="0"
    android:orientation="horizontal">

    <Button
        android:id="@+id/back"
        android:layout_width="match_parent"
        android:layout_height="wrap_content"
        android:layout_margin="1dip"
        android:layout_weight="1"
        android:text="BACK" />

    <Button
        android:id="@+id/home"
        android:layout_width="match_parent"
        android:layout_height="wrap_content"
        android:layout_margin="1dip"
        android:layout_weight="1"
        android:text="HOME"/>
    <Button
        android:id="@+id/reload"
        android:layout_width="match_parent"
        android:layout_height="wrap_content"
```

```
        android:layout _ margin="1dip"
        android:layout _ weight="1"
        android:text="RELOAD" />

    <Button
        android:id="@+id/go"
        android:layout _ width="match _ parent"
        android:layout _ height="wrap _ content"
        android:layout _ margin="1dip"
        android:layout _ weight="1"
        android:text="GO" />

</LinearLayout>

<WebView
    android:id="@+id/web"
    android:layout _ width="match _ parent"
    android:layout _ height="wrap _ content"
    android:layout _ weight="9" />
</LinearLayout>
```

AndroidManifest.xml

```xml
<?xml version="1.0" encoding="utf-8"?>
<manifest xmlns:android="http://schemas.android.com/apk/res/android"
xmlns:tools="http://schemas.android.com/tools">

<uses-permission android:name="android.permission.INTERNET" />

<application
    android:allowBackup="true"
    android:dataExtractionRules="@xml/data _ extraction _ rules"
    android:fullBackupContent="@xml/backup _ rules"
    android:icon="@mipmap/ic _ launcher"
    android:label="@string/app _ name"
    android:supportsRtl="true"
    android:theme="@style/Theme.Sample44"
    tools:targetApi="31">
    <activity
        android:name=".MainActivity"
        android:exported="true">
```

```
        <intent-filter>
            <action android:name="android.intent.action.MAIN" />

            <category android:name="android.intent.category.LAUNCHER" />
        </intent-filter>
    </activity>
</application>

</manifest>
```

 ## 5. 사운드 재생

이번 장에서는 안드로이드 기능 중 멀티미디어에 대해 학습하겠습니다. 안드로이드에서 음원을 실행하는 방식에는 SoundPool과 MediaPlayer 방식이 있는데, SoundPool은 1분 미만의 짧은 재생을 지원하며 간단한 효과음이나 게임 효과음 등으로 많이 사용되고, 그 이상의 길이에는 MediaPlayer를 사용합니다. 음원 형식은 mp3, wav, ogg가 가능하며 특별한 경우가 아니라면 가급적 wav로 사용하는 것이 좋습니다.

SoundPool과 MediaPlayer는 미디어 재생을 할 수 있게 지원하는 클래스(Class)입니다. 클래스 (Class)는 프로그램에서 특정 기능을 수행하게 할 수 있는 그룹 형태의 프로그램이라고 생각하면 됩니다. 프로그램을 개발하는 데 있어 개발자가 처음부터 하나하나 다 개발하지 않고 필수적인 기능 등은 미리 구현이 되어 있어 불러와서 사용하면 됩니다.

그럼, 사운드 재생을 해보겠습니다. 예제 사운드를 첨부하고 버튼을 누르면 사운드가 플레이 (Play)되는 앱을 구현해 보도록 하겠습니다. 미리 재생할 수 있는 음원 파일을 준비하기 바랍니다. 소스 파일과 같이 제공되는 사운드 음원을 사용해도 됩니다.

New Project를 선택합니다. 그리고 Empty Activity를 선택한 후 [Next]를 누릅니다.

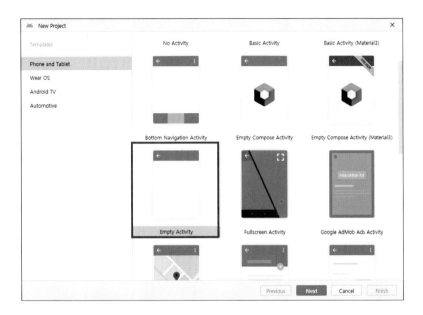

다음 화면이 나옵니다. 원하는 앱 이름을 적는데, 여기서는 sample4_5라고 하겠습니다. 언어를 코틀린으로 선택하고 [Finish]를 누릅니다.

기본적인 앱 프로젝트가 완성되었습니다.

버튼을 누르면 사운드가 실행되는 기능의 앱을 만들겠습니다. res > layout > activity_main. xml을 눌러 열겠습니다. 기본적으로 생성되는 텍스트('Hello World')를 선택하여 Del 을 눌러 삭제를 합니다.

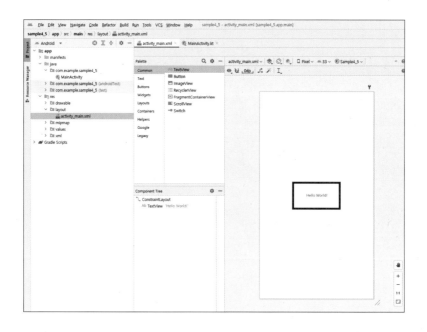

삭제가 되어 빈 화면이 되었습니다. 중앙에 버튼 하나를 추가하겠습니다.

버튼을 선택한 후 마우스로 화면의 중앙에 위치시킵니다.

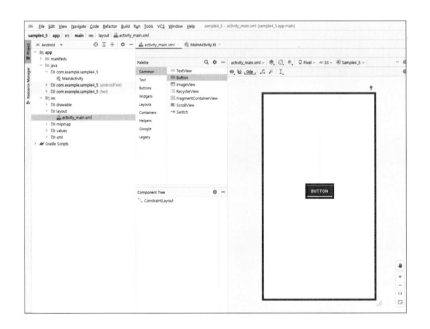

버튼의 위치를 고정하기 위해서 상하좌우 화살표로 연결합니다.

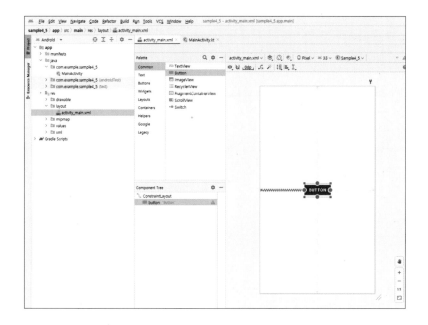

버튼을 마우스로 누르고 우측에 나타나는 속성창의 아이디(id) 텍스트 상자 안에 내가 원하는 아이디를 입력합니다. 안드로이드 스튜디오가 임의로 정해주는 아이디가 자동으로 입력되어 있습니다. 여기서는 다른 아이디로 변경하지 않고 사용하겠습니다.

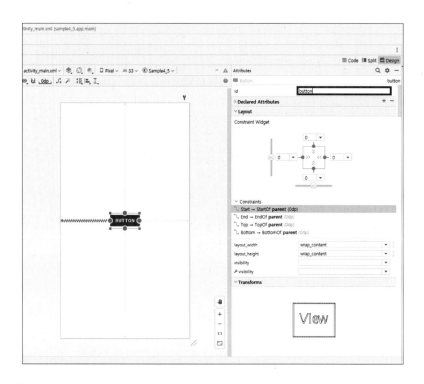

그리고 버튼의 이름을 정하는 속성 텍스트 상자를 찾습니다. 속성 영역의 중간에 text라는 부분에 버튼을 누르면 음악이 재생되므로 'PLAY'라고 입력합니다. Enter 를 누르면 버튼 이름이 변경된 것을 볼 수 있습니다.

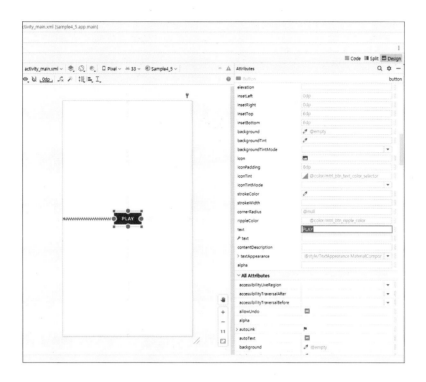

이번에는 버튼을 눌렀을 때 실행되는 음원 파일을 추가하겠습니다. 음원 파일을 추가하기 전에 파일이 들어갈 수 있는 폴더를 만들어야 합니다. res 폴더를 마우스로 선택합니다.

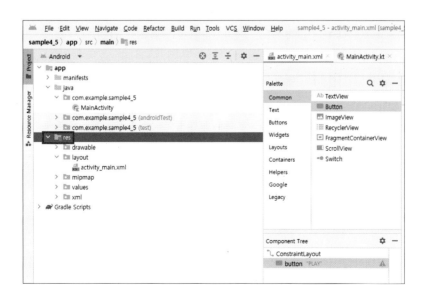

마우스 오른쪽 버튼을 누릅니다. 다음 그림과 같이 메뉴 창이 뜨면 New > Directory를 선택합니다.

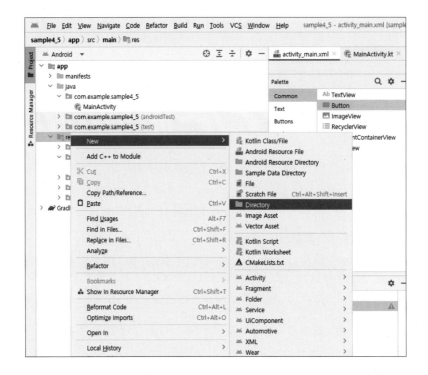

폴더 이름을 정할 수 있는 창이 나타납니다.

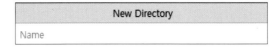

폴더 이름을 'raw'라고 입력하고 [Enter]를 누릅니다.

안드로이드 스튜디오 사용 팁

raw 폴더

음원을 넣을 폴더로 우리는 res 폴더 아래 raw를 만들었습니다. 그런데 왜 raw라는 이름의 폴더를 만들어야 할까요? 그 이유는 안드로이드 스튜디오와 이미 사전에 폴더 정의에 대한 약속이 있기 때문입니다.

raw 폴더의 위치를 알아보겠습니다. raw 폴더 위에 마우스를 누르고 마우스 오른쪽 버튼을 누르면 Open in > Explorer라는 메뉴가 있습니다. 이 메뉴를 선택합니다.

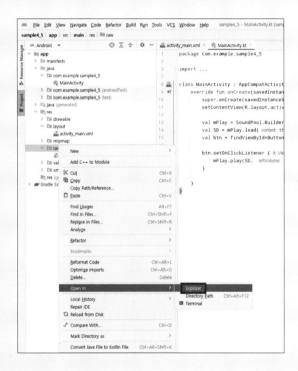

그럼 다음과 같이 윈도우 탐색기가 나타납니다. 그리고 raw 폴더가 있는 것을 확인 할 수 있습니다.

이름	수정한 날짜	유형	크기
drawable	2023-04-03 오후 9:43	파일 폴더	
drawable-v24	2023-04-03 오후 9:43	파일 폴더	
layout	2023-04-03 오후 10:08	파일 폴더	
mipmap-anydpi-v26	2023-04-03 오후 9:43	파일 폴더	
mipmap-anydpi-v33	2023-04-03 오후 9:43	파일 폴더	
mipmap-hdpi	2023-04-03 오후 9:43	파일 폴더	
mipmap-mdpi	2023-04-03 오후 9:43	파일 폴더	
mipmap-xhdpi	2023-04-03 오후 9:43	파일 폴더	
mipmap-xxhdpi	2023-04-03 오후 9:43	파일 폴더	
mipmap-xxxhdpi	2023-04-03 오후 9:43	파일 폴더	
raw	2023-04-03 오후 10:11	파일 폴더	
values	2023-04-03 오후 9:43	파일 폴더	
values-night	2023-04-03 오후 9:43	파일 폴더	
xml	2023-04-03 오후 9:43	파일 폴더	

그럼 다른 이름의 폴더를 만들어 보겠습니다. res 폴더 위에 마우스를 올리고 오른쪽 버튼을 누릅니다.
New > Directory를 선택합니다.

폴더 명을 입력하는 박스가 나타납니다. 'Gogo'라는 임의의 폴더 명을 입력해 보겠습니다.
그리고 Enter 를 누릅니다.

만든 폴더는 res 폴더 하위에 보이지 않습니다.

그럼 raw 폴더가 있는 경로로 들어가 보겠습니다. raw 폴더 위에 마우스를 누르고 마우스 오른쪽 버튼을 누르고 Open in > Explorer 라는 메뉴를 선택합니다.

그럼 윈도우 탐색기가 나타나면서 폴더들이 보입니다. 아까 만든 'Gogo'라는 폴더가 보이는 것을 확인할 수 있습니다.

안드로이드 스튜디오에는 보이지 않지만 폴더가 만들어진 것을 확인할 수 있습니다. 이처럼 특정 기능의 폴더는 사전에 정의된 이름으로 만들어야 한다는 것을 확인할 수 있습니다.

폴더가 생성되었습니다.

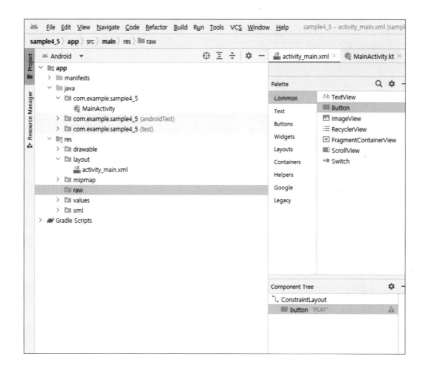

준비한 오디오 파일을 컴퓨터 바탕화면에 준비해 두고 오디오 파일을 마우스로 선택한 후 드래그
해서 res > raw 폴더 안으로 가져옵니다.

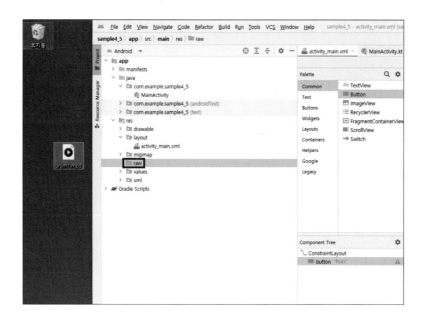

그림과 같은 창이 뜹니다. 파일이 이동하는 경로를 확인하는 확인 창입니다. 확인했다면 [Refact or]를 누릅니다.

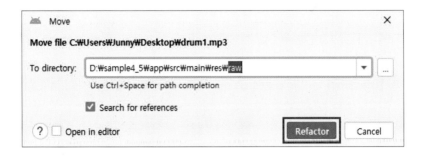

오디오 파일이 raw 폴더 안으로 이동한 것을 볼 수 있습니다.

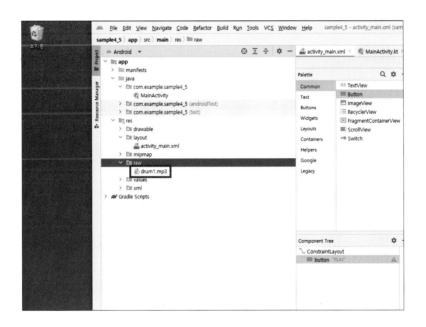

버튼을 생성하고 오디오 파일을 추가하였습니다. 그러면 이번에는 기능이 실행될 수 있는 코드를 작성하도록 하겠습니다. 코드를 작성하는 영역에 다음 코드를 입력합니다.

```
val mPlay = SoundPool.Builder().build()
val SD = mPlay.load(this, R.raw.drum1, 1)
val btn = findViewById<Button>(R.id.button)
```

첫 번째 라인에서 SoundPool 객체를 생성하려면 SoundPool.Builder 클래스의 build() 함수를 사용해야 합니다. 그러므로 **SoundPool.Builder** 객체를 생성한 후 build()를 호출합니다. 처음 개발을 접하는 분들에게는 약간 어려운 내용이라고 생각됩니다. 그러나 객체, 클래스 등의 내용을 자주 활용하고 학습하면 조금씩 이해가 될 것입니다

mPlay라는 변수를 선언하고 할당하였습니다. 두 번째 라인은 raw라는 폴더의 drum1이라는 음원을 실행하라는 의미입니다. 세 번째 라인은 버튼을 선언하였습니다.

그림과 같이 파란 풍선 도움말이 나오는 부분이 있으면 Alt + Enter 를 눌러 import를 추가합니다.

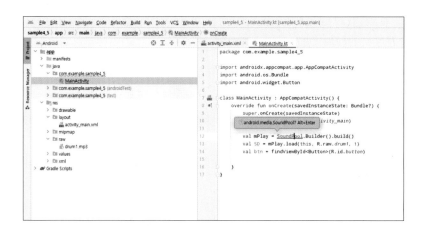

import가 추가된 것을 볼 수 있습니다.

그리고 버튼 btn의 동작 기능을 다음과 같이 코딩합니다.

```
btn.setOnClickListener {
    mPlay.play(SD, 1.0f, 1.0f, 0, 0, 1.0f)
}
```

play의 괄호 안에 사용되는 인자, 즉 항목들에 대한 설명은 다음과 같습니다.

mPlay.play(①, ②, ③, ④, ⑤, ⑥)

① 사운드 파일을 구분하기 위한 구분자

② float leftVolume: 사운드 왼쪽 볼륨(소리 크기 범위는 0과 1)

③ float rightVolume: 사운드 우측 볼륨(소리 크기 범위는 0과 1)

④ int priority: 사운드 우선순위

⑤ int loop: 재생 반복 1은 1회, 2는 2회, −1은 무한 반복

⑥ float rate: 재생 속도, 1은 정상 속도, −1은 느리게, 2는 빠르게

이제 코딩이 완료되었습니다. 실행을 하고 안드로이드 에뮬레이터에서 버튼을 누르면 사운드가 실행되는 것을 들을 수 있습니다.

MainActivity.kt

```kotlin
import android.media.SoundPool
import androidx.appcompat.app.AppCompatActivity
import android.os.Bundle
import android.widget.Button

class MainActivity: AppCompatActivity() {
    override fun onCreate(savedInstanceState: Bundle?) {
        super.onCreate(savedInstanceState)
        setContentView(R.layout.activity_main)

        val mPlay = SoundPool.Builder().build()
        val SD = mPlay.load(this, R.raw.drum1, 1)
        val btn = findViewById<Button>(R.id.button)

        btn.setOnClickListener {
            mPlay.play(SD, 1.0f, 1.0f, 0, 0, 1.0f)
        }
    }
}
```

activity _ main.xml

```xml
<?xml version="1.0" encoding="utf-8"?>
<androidx.constraintlayout.widget.ConstraintLayout
xmlns:android="http://schemas.android.com/apk/res/android"
xmlns:app="http://schemas.android.com/apk/res-auto"
xmlns:tools="http://schemas.android.com/tools"
android:layout _ width="match _ parent"
android:layout _ height="match _ parent"
tools:context=".MainActivity">

<Button
    android:id="@+id/button"
    android:layout _ width="wrap _ content"
    android:layout _ height="wrap _ content"
    android:text="PLAY"
    app:layout _ constraintBottom _ toBottomOf="parent"
    app:layout _ constraintEnd _ toEndOf="parent"
    app:layout _ constraintStart _ toStartOf="parent"
    app:layout _ constraintTop _ toTopOf="parent" />
</androidx.constraintlayout.widget.ConstraintLayout>
```

미디어 출력 클래스

SoundPool 클래스: 짧은 오디오를 출력할 때 사용
MediaPlayer 클래스: 긴 오디오나 비디오를 재생할 때 사용

안드로이드 앱 개발에서 가장 고민스러운 부분 중 하나는 100개 이상의 다양한 종류의 안드로이드 스마트폰 화면 사이즈 이미지를 어떻게 맞출 수 있는 가입니다. 텍스트는 화면의 사이즈 변화에 특별한 문제가 없지만 이미지는 원본 크기를 벗어나게 늘이면 깨지는 현상이 발생합니다. 이미지가 깨지게 되면 앱의 질은 저하될 수밖에 없습니다.

그래서 안드로이드에서 사용되는 방식이 나인패치(Nine Patch) 이미지입니다. 나인패치는 이미지 사이즈 변동에도 깨지지 않게 보여주는 기능입니다. 그럼 지금부터 나인패치 이미지에 대해 알아보겠습니다.

예를 들어 앱에 다음과 같이 4개의 꼭짓점이 둥근 사각형의 버튼을 만든다고 가정해 보겠습니다. 그러나 각각 다른 화면 사이즈에 맞추는 건 쉽지 않은 문제입니다. 이유는 버튼 상하좌우가 늘어나면 4개의 꼭짓점의 둥근 모양은 깨지기 때문입니다. 이런 깨짐 현상을 막을 수 있는 방법이 나인패치입니다.

버튼

다음 그림에서 좀 더 이야기해 보겠습니다. 빨간색 테두리는 캔버스(Canvas)라고 하는 것입니다. 캔버스는 포토샵(Photoshop) 같은 이미지 툴에서 주로 사용하는 용어인데, 작업 공간이라고 생각하면 됩니다. 그림에서 보면 작업 공간과 버튼의 사이즈는 버튼과 동일하게 맞추었습니다. 초록색이 버튼이고 각각의 꼭짓점 부분(파란색 점선 원)은 투명하게 처리하여 직사각형이지만 모서리가 둥근 버튼을 만드는 것입니다.

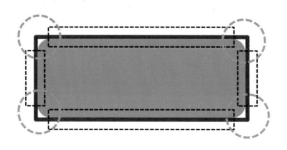

검은색 점선 부분은 버튼 이미지가 좌우상하로 늘어나도 버튼 이미지 변형에 문제가 없는 영역을 표시한 것입니다.

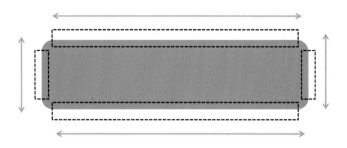

따라서 둥근 부분(파란색 점선 원)은 늘어나는 경우에 모양이 깨지게 됩니다. 즉, 버튼 이미지가 늘어나도 이미지 모양 변화에 문제가 없는 부분을 정해주는 것입니다.

나인패치 이미지 파일 명 예시

원본 파일 명: button01. png
나인패치 파일 명: button01.9.png (파일 명 끝에 .9를 추가함)

그럼 이제 앱에 적용해서 보도록 하겠습니다. 새 프로젝트를 생성합니다. [Empty Activity]를 선택하고 [Next]를 누릅니다.

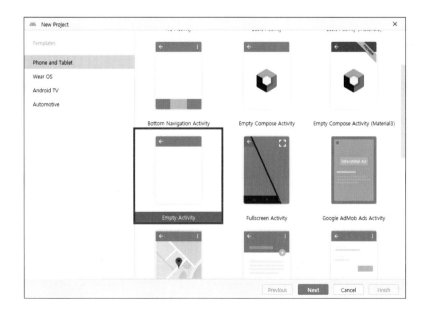

원하는 프로젝트 이름을 넣고 [Finish]를 누릅니다.

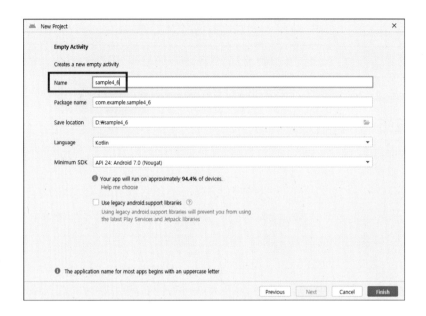

기본적인 프로젝트 앱이 만들어졌습니다.

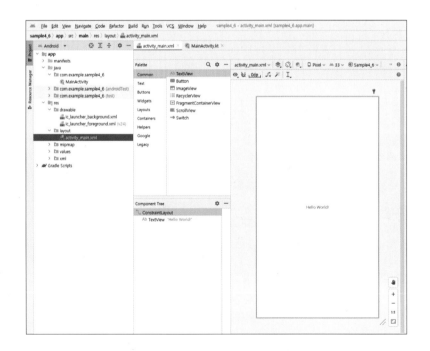

화면 중앙에 있는 기본 텍스트를 선택한 후 Delete 를 눌러서 삭제합니다.

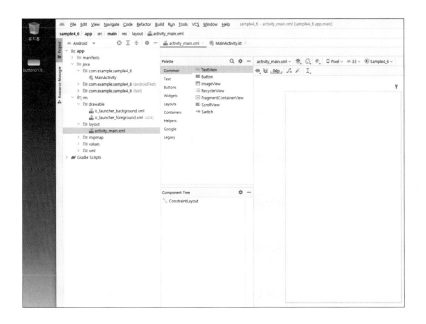

나인패치 이미지로 사용할 이미지를 준비했습니다. 파일 명은 button01.png인데, 파일 명 끝에 점과 9를 추가해서 button01.9.png라고 파일 명을 변경했습니다. 준비한 버튼 이미지를 복사해서 안드로이드 스튜디오 res 폴더의 drawable 폴더를 선택한 후 붙여 넣기 합니다. 다음 그림과 같이 저장 경로를 묻는 팝업 창이 뜨면 [OK]를 누릅니다.

복사가 된다는 팝업 창이 뜨면 [OK]를 누릅니다.

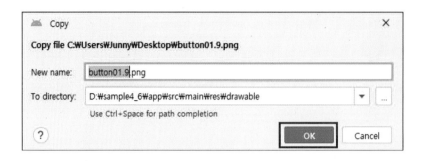

drawable 폴더에 준비한 버튼 이미지 button01.9.png가 추가된 것을 볼 수 있습니다.

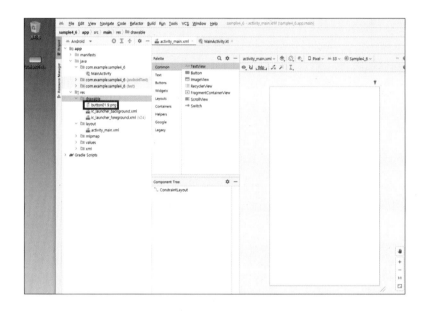

drawable 폴더에 추가한 버튼 이미지 button01.9.png를 마우스로 더블 클릭합니다. 그리고 다음과 같이 나인패치를 수정할 수 있는 편집 화면이 나타납니다. 왼쪽 영역은 나인패치 편집 영역이고, 오른쪽은 각 사이즈 별로 늘렸을 때 나타나는 미리보기입니다.

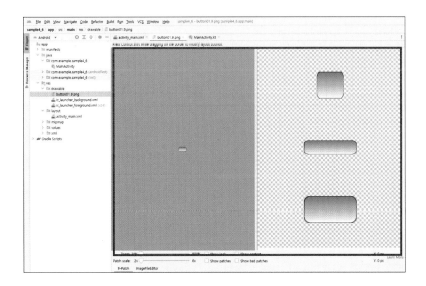

빨간 박스 영역을 조절하면 크기와 나인패치 적용 범위를 정할 수 있습니다.

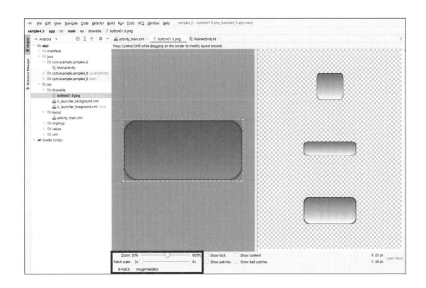

확대를 하였고 오른쪽의 나인패치 영역을 정하는 화면입니다.

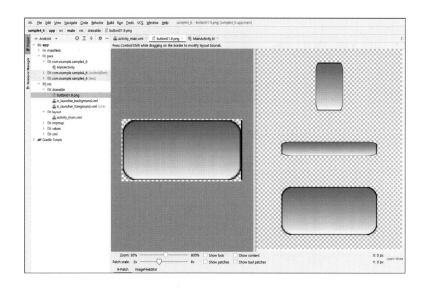

앞의 그림에서 설명한 것처럼 버튼 이미지가 늘어날 때 늘어나는 변화가 있어도 문제가 없는 영역을 정하는 단계를 설정하는 것입니다.

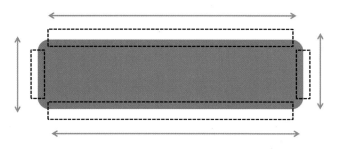

상하좌우 나타나는 회색선을 조절하면서 상하좌우 영역의 나인패치 영역을 정해줍니다.

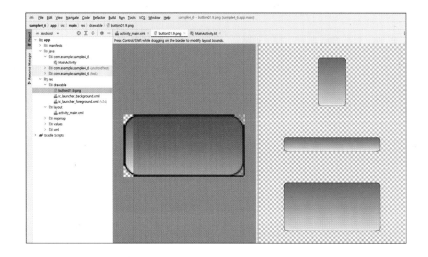

나인패치 이미지 설정이 완료되었으면 버튼에 추가하겠습니다. 이미지 버튼을 화면으로 드래그합니다.

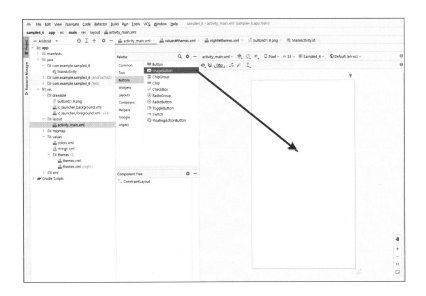

그럼 다음과 같이 이미지를 선택하는 화면이 나타납니다. button01 이미지를 선택합니다. 파일명 (.9)은 나타나지 않습니다.

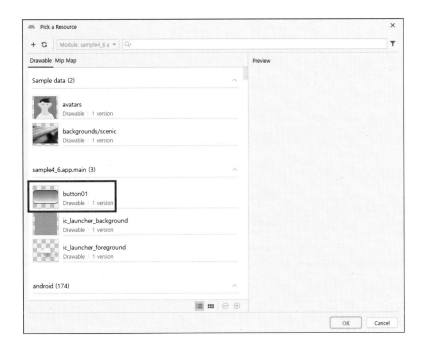

이미지 버튼에 이미지가 추가되었습니다. 그런데 이미지 외에 회색 영역이 나타납니다.

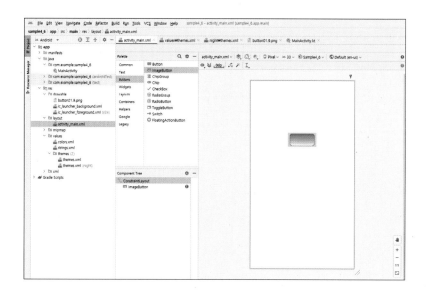

이미지만을 표시해야 하므로 버튼을 누르고 우측 속성에서 background의 입력 박스를 선택합니다. 그럼 다음과 같이 색을 선택하는 팝업이 나타납니다. 흰색(#FFFFFF)을 선택합니다.

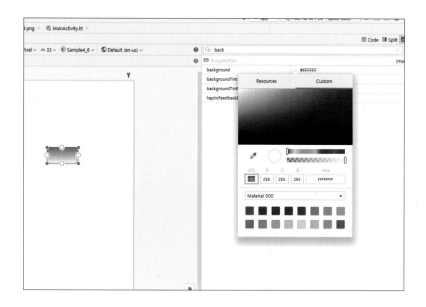

이미지만 보이는 것을 볼 수 있습니다.

각각 다른 크기의 버튼을 예시로 만들 것이므로 3개의 버튼을 추가하고 화살표로 연결하여 고정 위치를 잡습니다.

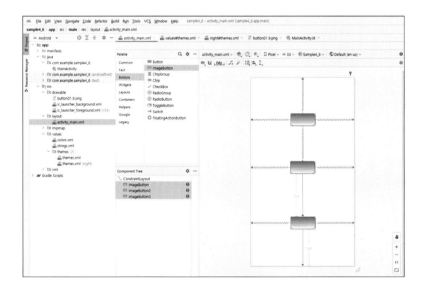

이미지를 선택하여 마우스로 각각 이미지 크기를 조정합니다. 그러나 이미지 크기가 변화가 없고 버튼 외곽선만 늘어나는 것을 볼 수 있습니다. 이런 경우 버튼 속성 중에 scaleType을 설정해야 합니다. fitXY로 선택합니다.

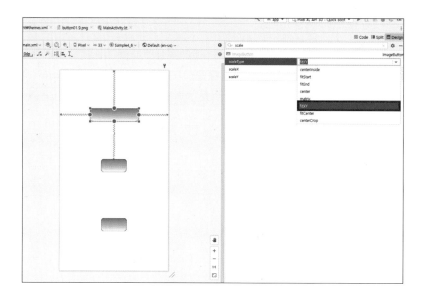

다른 속성에 대한 의미는 다음과 같습니다.

centerInside: 이미지가 가로 세로 비율을 유지하면서, 이미지가 ImageView 안에 딱 맞도록 크기가 조정됩니다.

fitStart: 이미지가 가로 세로 동일한 비율을 유지하면서, 이미지가 ImageView 안의 상단을 기준으로 맞춥니다. 여백이 생긴다면 이미지 하단이 생깁니다.

fitEnd: 이미지가 가로 세로 동일한 비율을 유지하면서, 이미지가 ImageView 안의 하단을 기준으로 맞춥니다. 여백이 생긴다면 이미지 상단이 생깁니다.

center: 이미지가 가로 세로 비율을 유지하면서, 이미지가 ImageView의 중심에 위치하도록 크기가 조정됩니다.

matrix: 행렬(Matrix)을 사용하여 이미지를 조정합니다.

fitXY: 이미지가 가로 세로 비율이 유지되지 않을 수 있습니다.

fitCenter: 이미지가 가로 세로 비율을 유지하면서, 이미지가 ImageView 안에 중심에 위치하도록 크기가 조정됩니다.

centerCrop: 이미지가 가로 세로 비율을 유지하지 않고, 이미지가 ImageView에 가득 차도록 크기가 조정됩니다.

이미지 조정이 가능한 것을 확인할 수 있습니다. 각각 사이트 별로 늘려서 배치합니다.

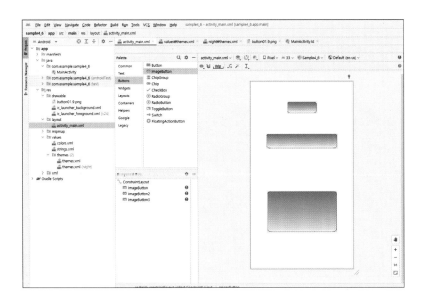

배치가 끝났으면 안드로이드 에뮬레이터를 실행해서 실제 앱 화면을 봅니다. 그림과 같이 사이즈 변동에도 이미지가 깨지지 않는 것을 확인할 수 있습니다.

나인패치 이미지는 이처럼 이미지 버튼에 적용됩니다. 이 부분을 잘 학습하여 앱 개발에 적용하기 바랍니다. 또한 이미지 저작 툴의 간단한 이미지 편집 기능을 익히면 개발에 많은 도움이 될 수 있습니다.

7. 경고창 만들기

앱을 이용하다 보면 여러 가지 경고창(Alert)을 볼 수 있습니다. 네트워크 사용에 대한 경고 메시지를 띄운다거나 특정 상황에 따른 알림 메시지 등 다양한 기능에서 경고창을 사용합니다. 이런 경고창 기능은 간단한 방법으로 추가할 수 있습니다. 앱에서 경고창을 띄우는 방법에 대해 알아보도록 하겠습니다.

먼저 프로젝트 파일을 생성합니다. [Empty Activity]를 선택하고 [Next]를 누릅니다.

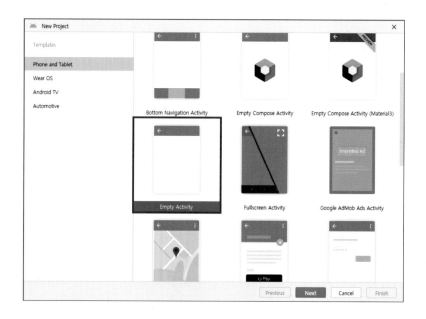

원하는 프로젝트 이름을 넣고 [Finish]를 누릅니다.

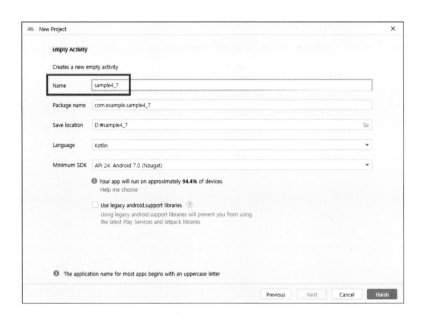

기본적인 프로젝트 앱이 완성되었습니다.

res > layout > activity_main.xml 화면입니다. 앱이 실행되면 이 화면이 노출됩니다. 경고창은 이 화면이 노출될 때 나타나도록 하겠습니다.

경고창에 대한 코드를 MainActivity.kt에 작성하겠습니다. 먼저 다음 코드를 입력합니다.

```
val builder= AlertDialog.Builder(this)
```

AlertDialog.Builder라는 새 객체를 생성하였습니다. builder라는 변수에 할당하였다는 의미입니다. this는 MainActivity.kt를 의미합니다.

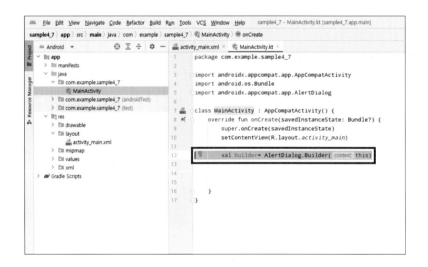

그리고 다음 코드를 입력합니다.

```
builder.setTitle(("타이틀"①))
    .setMessage("메세지"②)
    .setPositiveButton("확인"③,
        DialogInterface.OnClickListener { dialog, id ->

                // '확인' 버튼을 누르면 실행되는 기능④
        })
    .setNegativeButton("취소"⑤,
        DialogInterface.OnClickListener { dialog, id ->

                // '취소' 버튼을 누르면 실행되는 기능⑥
        })
```

앱이 실행되면 경고창이 노출되고 우리가 흔히 보는 버튼이 보이는 구조로 구성하였습니다.

① 경고창의 이름을 나타냅니다. 에러를 표시하는 경고창인지, 확인을 보여주는 경고창인지 타이틀이 들어갑니다.

② 경고창의 메시지를 나타냅니다.

③ [확인] 버튼을 의미합니다. 대화 상자에서 어떤 작업을 수행하거나 사용자의 입력을 확인할 때 사용됩니다. 예를 들어, 대화 상자에서 [확인] 버튼을 누르면 작업을 수행하거나 다음 단계로 이동하도록 합니다.

④ 이 영역에 [확인] 버튼을 누르면 어떤 기능을 동작하게 할 것인지에 대한 코드가 들어갑니다. 경고창을 닫을 건지 아니면 다른 페이지로 이동하게 할건지에 대한 코드를 입력합니다.

⑤ [취소] 버튼입니다.

⑥ [취소] 버튼을 누르면 어떤 기능을 동작하게 할 것인지에 대한 코드가 들어갑니다.

다음 작업은 [확인], [취소] 버튼을 누르면 동작하는 기능을 추가하겠습니다. [확인] 버튼을 누르면 메시지가 뜨는 토스트 메시지를 추가하였고 [취소] 버튼을 누르면 특정 페이지로 이동하게 하는 기능을 추가하였습니다.

```
Toast.makeText(this@MainActivity, "확인을 눌렀네?", Toast.LENGTH_SHORT).
show()
```

코드 작성 중에 import 추가가 필요한 풍선 도움말이 뜨면 [Alt] + [Enter]를 눌러 추가하기 바랍니다.

예를 들어 별도로 구성한 안내 페이지로의 이동으로 활용해도 됩니다.

```
var intent = Intent(Intent.ACTION_VIEW, Uri.parse("https://m.daum.
net"))
startActivity(intent)
```

그리고 마지막의 builder.show()의 show() 함수는 builder를 표시하라는 함수입니다.

이제 실행을 하여 결과를 확인하겠습니다. 다음과 같이 경고창이 나타나고 두 개의 버튼이 나타납니다.

각각 버튼을 누르면 입력한 기능이 실행되는 것을 확인할 수 있습니다.

이렇게 경고창을 사용하면 사용자에게 상황을 알릴 수 있고 여러 가지 선택을 하게 할 수도 있습니다. 응용 분야가 많은 기본적인 기능입니다.

코드는 다음과 같습니다.

MainActivity.kt

```
import android.content.DialogInterface
import android.content.Intent
import android.net.Uri
import androidx.appcompat.app.AppCompatActivity
import android.os.Bundle
import android.widget.Toast
import androidx.appcompat.app.AlertDialog

class MainActivity: AppCompatActivity() {
    override fun onCreate(savedInstanceState: Bundle?) {
        super.onCreate(savedInstanceState)
        setContentView(R.layout.activity_main)
        val builder= AlertDialog.Builder(this)
```

```
        builder.setTitle(("타이틀"))
            .setMessage("메세시")
            .setPositiveButton("확인",
                DialogInterface.OnClickListener { dialog, id ->
// '확인'버튼을 누르면 실행되는 기능
                    Toast.makeText(this@MainActivity, "확인을 눌렀네 ?",
                    Toast.LENGTH _ SHORT).show()
                })
            .setNegativeButton("취소",
                DialogInterface.OnClickListener { dialog, id ->

// '취소' 버튼을 누르면 실행되는 기능
                    var intent = Intent(Intent.ACTION _ VIEW, Uri.
                    parse("https://m.daum.net"))
                    startActivity(intent)
                })

        builder.show()
    }
}
```

 ## 8. 앱의 인트로 화면 만들기

앱이 시작될 때 나오는 시작 화면에는 앱의 제목이나 앱에 대한 일부 내용 등이 표시됩니다. 앱의 인트로 화면을 만드는 방법에 대해 알아보겠습니다. 인트로 화면을 하나 추가한 다음 일정 시간 후에 본문, 즉 앱으로 이동하도록 구현하겠습니다.

[Empty Activity]를 선택하고 [Next]를 누릅니다.

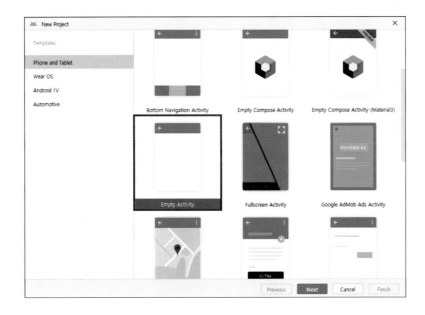

원하는 프로젝트 이름을 넣고 [Finish]를 누릅니다.

기본적인 프로젝트 앱이 완성되었습니다.

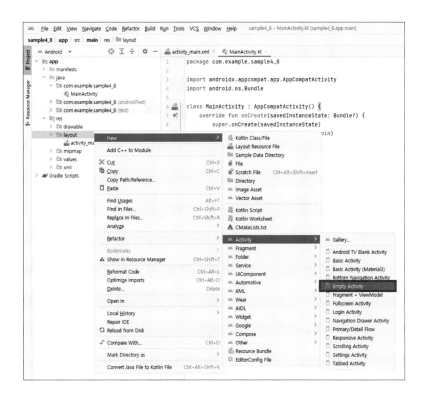

인트로 화면을 하나 추가하겠습니다.

res > layout에 마우스를 올리고 마우스 우측 버튼을 클릭합니다. 그림과 같이 메뉴가 나타나면
New > Activity > Empty Activity를 선택합니다.

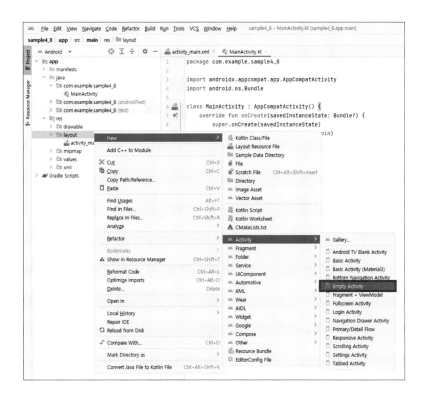

다음과 같이 새로 추가되는 화면의 이름을 정하는 화면이 나타납니다. 원하는 이름으로 변경을 해도 됩니다. 여기서는 "Intro"라고 입력하고 [Finish]를 누릅니다.

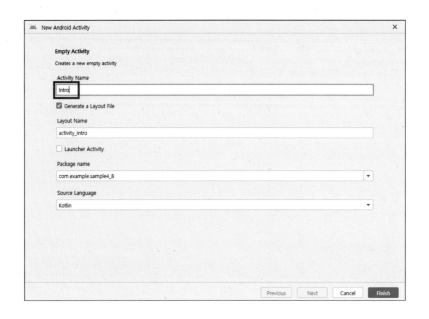

Intro라는 화면(Activity)이 추가된 것을 볼 수 있습니다.

Intro 화면을 선택해서 화면 색을 빨간색으로 만들어 activity_main.xml과 구분하는 작업을 하겠습니다. activity_intro.xml를 선택합니다.

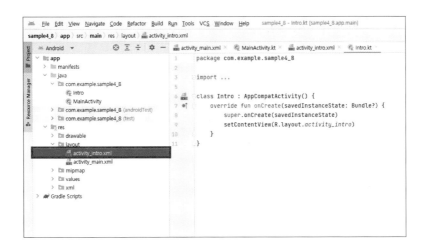

화면이 기본색인 흰색으로 되어 있는 것을 확인할 수 있습니다.

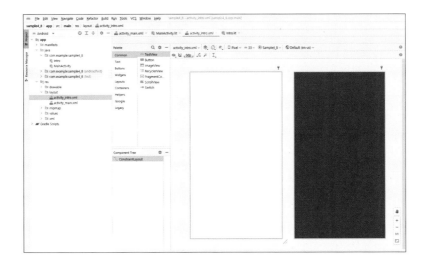

우측 상단에 Code > Split > Design에서 [Split]을 선택합니다. activity_intro.xml 화면의 배경색을 빨간색으로 만들기 위해 XML 코드를 직접 추가할 것입니다.

다음 그림과 같이 XML 코드 편집 화면이 나오면 android:background="#FF160C" 코드를 추가합니다. 배경색을 빨간색으로 정하다는 의미입니다. FF160C는 16진수 표기로 빨간색을 의미합니다.

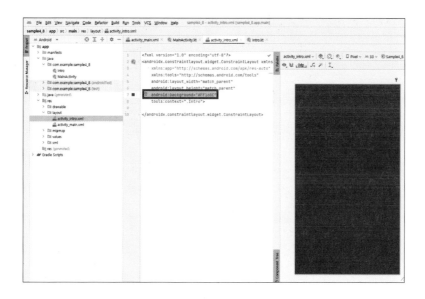

그리고 이번에는 앱을 처음 시작하게 되면 나타나는 초기 화면을 설정해야 합니다. 다음 그림과
같이 manifest 폴더의 AndroidManifest.xml을 선택합니다.

```
... 중략...
<activity
    android:name=".MainActivity"
    android:exported="false" />
... 중략...
```

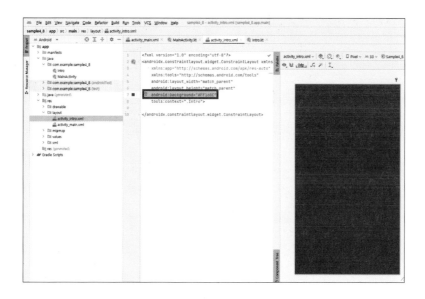

그리고 android:exported="false"〉 코드는 android:exported="true"〉로 변경합니다.

```
... 중략...
<activity
    android:name=".Intro"
    android:exported="true">
    <intent-filter>
... 중략...
```

변경된 코드는 다음과 같습니다.

```
... 중략...
<activity
    android:name=".MainActivity"
    android:exported="false" />
<activity
    android:name=".Intro"
    android:exported="true">
    <intent-filter>
... 중략...
```

가상 에뮬레이터로 실행해 보겠습니다. 그러면 그림과 같이 빨간색 화면, 즉 Intro 화면이 나오는 것을 볼 수 있습니다.

인트로 화면이므로 상단의 타이틀 바를 없애도록 하겠습니다. res > values > themes 폴더의 themes.xml을 선택합니다. 그림과 같은 위치에 다음과 같은 코드를 추가합니다.

```
<item name="windowNoTitle">true</item>
```

코드를 보면 windowNoTitle, 즉 타이틀 바를 없앤다라는 의미의 코드입니다.

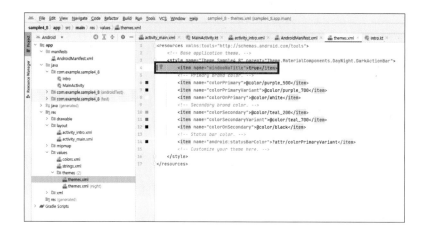

가상 에뮬레이터로 실행해 보면 타이틀 바가 없어진 것을 볼 수 있습니다. 그러면 이 화면에 텍스트뷰나 이미지뷰를 이용하여 처음에 실행되는 인트로 화면을 원하는 것으로 꾸밀 수 있습니다.

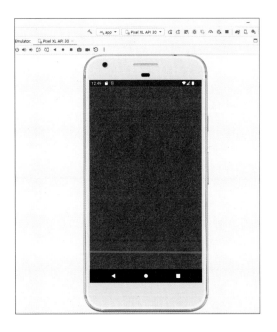

그럼 이제 인트로 화면에 진입하고 난 후 다음 화면으로 진행되는 코드를 작성하겠습니다. intro.kt에 다음과 같이 코드를 작성합니다.

```
Handler(Looper.getMainLooper()).postDelayed({

    val intent = Intent(this@Intro, MainActivity::class.java)
    startActivity(intent)
    finish()
}, 5000)
```

다음과 같은 화면이 나오면 [Alt] + [Enter]를 눌러 import를 추가해 줍니다.

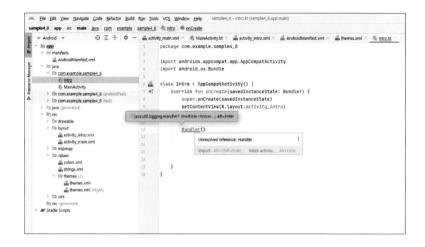

코드 입력 추가가 완료되었습니다.

에뮬레이터를 이용하여 실행해 보겠습니다. 빨간색의 인트로 화면이 나타납니다.

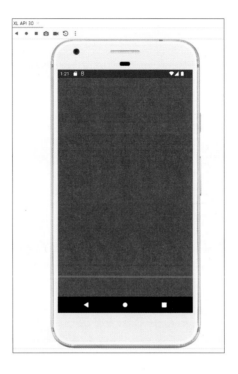

그리고 5초 뒤에 MainActivity.kt 화면으로 이동하는 것을 볼 수 있습니다.

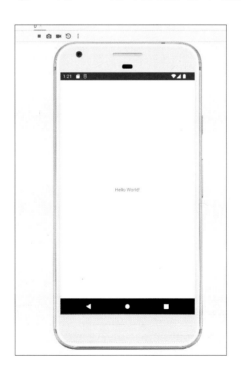

```
Handler(Looper.getMainLooper()).postDelayed({

    val intent = Intent(this@Intro, MainActivity::class.java)
    startActivity(intent)
    finish()
}, 5000)
```

우리가 입력한 위의 코드는 Handler 클래스의 postDelayed 메서드를 사용하여 지정된 시간 후에 MainActivity로 이동하는 코드입니다.

Handler 클래스는 안드로이드에서 스레드(thread) 간 통신을 위해 사용됩니다. 스레드(thread)란, 프로세스 내에서 실행되는 실행 단위입니다. 우리가 PC에서 여러 가지 프로그램을 실행할 수 있는 기능이라고 보면 됩니다.

Handler 객체를 생성하여 이 객체의 postDelayed 메서드를 호출합니다. 이 메서드는 두 개의 매개변수를 사용합니다. 그리고 현재 액티비티를 종료하는 finish() 메서드를 호출합니다.

Intro 액티비티에서 5초 후에 MainActivity 액티비티로 이동하고 Intro 액티비티를 종료하라는 의미입니다.

숫자 5000은 ms, 즉 밀리 세크 단위입니다. 그러므로 1초는 1000으로 표시합니다.

사용된 전체 코드는 다음과 같습니다.

intro.kt

```
import android.content.Intent
import androidx.appcompat.app.AppCompatActivity
import android.os.Bundle
import android.os.Handler
import android.os.Looper

class Intro: AppCompatActivity() {
    override fun onCreate(savedInstanceState: Bundle?) {
        super.onCreate(savedInstanceState)
        setContentView(R.layout.activity_intro)

        Handler(Looper.getMainLooper()).postDelayed({
```

```
            val intent = Intent(this@Intro, MainActivity::class.java)
            startActivity(intent)
            finish()
        }, 5000)
    }
}
```

AndroidManifest.xml

```xml
<?xml version="1.0" encoding="utf-8"?>
<manifest xmlns:android="http://schemas.android.com/apk/res/android"
    xmlns:tools="http://schemas.android.com/tools">

    <application
        android:allowBackup="true"
        android:dataExtractionRules="@xml/data_extraction_rules"
        android:fullBackupContent="@xml/backup_rules"
        android:icon="@mipmap/ic_launcher"
        android:label="@string/app_name"
        android:supportsRtl="true"
        android:theme="@style/Theme.Sample4_8"
        tools:targetApi="31">
        <activity
            android:name=".MainActivity"
            android:exported="false" />
        <activity
            android:name=".Intro"
            android:exported="true">
            <intent-filter>
                <action android:name="android.intent.action.MAIN" />

                <category android:name="android.intent.category.
                LAUNCHER" />
            </intent-filter>
        </activity>
    </application>
</manifest>
```

activity _ intro.xml

```xml
<?xml version="1.0" encoding="utf-8"?>
<androidx.constraintlayout.widget.ConstraintLayout
    xmlns:android="http://schemas.android.com/apk/res/android"
    xmlns:app="http://schemas.android.com/apk/res-auto"
    xmlns:tools="http://schemas.android.com/tools"
    android:layout _ width="match _ parent"
    android:layout _ height="match _ parent"
    android:background="#FF160C"
    tools:context=".Intro">

</androidx.constraintlayout.widget.ConstraintLayout>
```

themes.xml

```xml
<resources xmlns:tools="http://schemas.android.com/tools">
    <!-- Base application theme. -->
    <style name="Theme.Sample4 _ 8"
        parent="Theme.MaterialComponents.DayNight.DarkActionBar">
        <item name="windowNoTitle">true</item>
        <!-- Primary brand color. -->
        <item name="colorPrimary">@color/purple _ 500</item>
        <item name="colorPrimaryVariant">@color/purple _ 700</item>
        <item name="colorOnPrimary">@color/white</item>
        <!-- Secondary brand color. -->
        <item name="colorSecondary">@color/teal _ 200</item>
        <item name="colorSecondaryVariant">@color/teal _ 700</item>
        <item name="colorOnSecondary">@color/black</item>
        <!-- Status bar color. -->
        <item name="android:statusBarColor">?attr/colorPrimaryVari-
        ant</item>
        <!-- Customize your theme here. -->
    </style>
</resources>
```

9. 애니메이션 효과주기

간단한 애니메이션 효과를 주는 기능에 대해 알아 보겠습니다. 버튼을 누르면 버튼이 이동하고 크기가 변경되는 등의 애니메이션 효과를 주는 것을 알아 보겠습니다.

새로운 프로젝트를 생성합니다. [Empty Activity]를 선택하고 [Next]를 누릅니다.

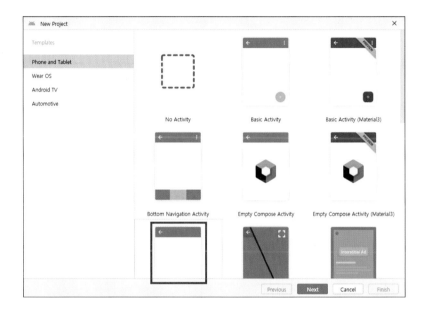

원하는 프로젝트 이름을 넣고 [Finish]를 누릅니다.

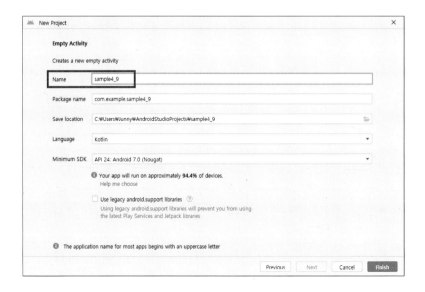

기본적인 프로젝트 앱이 완성되었습니다.

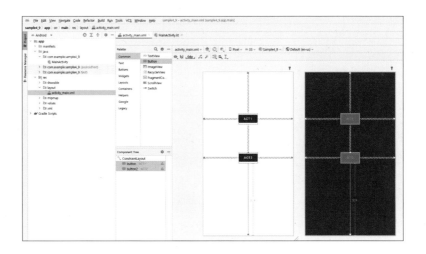

버튼을 누르면 버튼에 애니메이션이 구현되는 기능을 만들어 보겠습니다. 두 개의 버튼에 두 가지 애니메이션이 동작하도록 하겠습니다. 버튼 두 개를 배치합니다. 버튼 명은 ACT1, ACT2로 표시합니다.

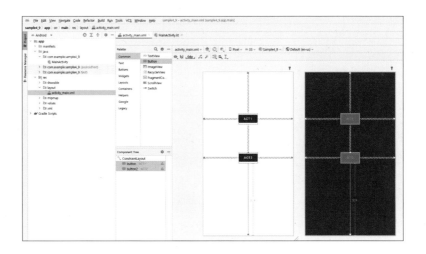

애뮬레이터로 실행을 해 봅니다. 첫 번째 버튼을 누르면 누른 버튼이 왼쪽으로 이동하는 애니메이션, 두 번째 버튼을 누르면 누른 버튼이 커지는 애니메이션을 구현하도록 하겠습니다.

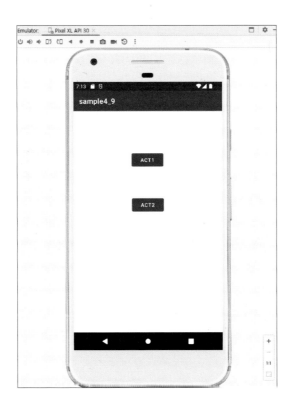

애니메이션 기능에 대한 코드가 들어갈 수 있는 xml 파일의 폴더를 생성합니다. res 폴더에 마우스를 올리고 오른쪽 클릭을 합니다. 그리고 New > Directory를 선택합니다.

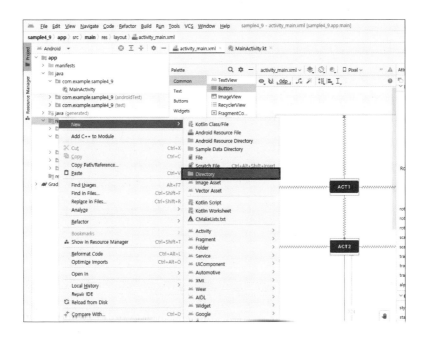

다음과 같이 폴더명을 적을 수 있는 화면이 나옵니다. anim이라고 입력을 하고 [OK] 버튼을 누릅니다. 버튼명은 반드시 anim이라고 입력해야 합니다.

anim 폴더가 생성되었습니다. anim 폴더에 마우스를 올리고 오른쪽 클릭을 합니다.

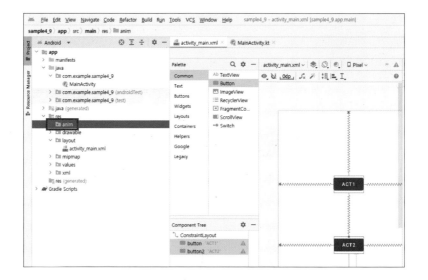

그리고 New > xml > Layout XML File을 선택합니다.

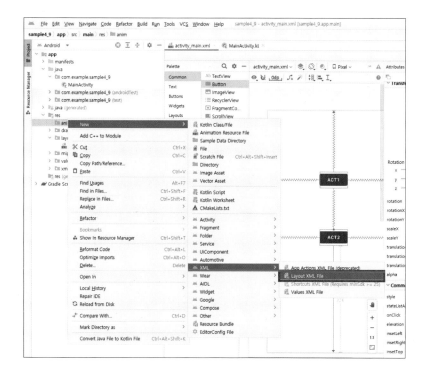

생성되는 xml 파일의 이름을 정하는 창이 뜹니다. 버튼 ACT1에 적용될 애니메이션 기능을 추가할 것 이므로 act1이라고 입력하고 [Finish] 버튼을 누릅니다.

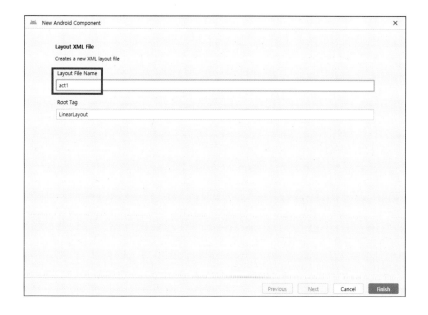

act2는 생성된 act1을 선택하고 [Ctrl]+[C]를 눌러 복사한 후 anim 폴더를 선택하고 [Ctrl]+[V]를 눌러 붙여 넣기를 합니다. 그러면 다음과 같은 화면이 나옵니다. 붙여 넣기 하는 파일 명을 다시 설정할 수 있는 화면입니다. act2.xml로 입력하고 [OK]를 누릅니다.

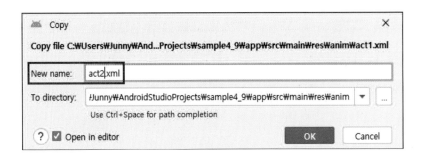

act1과 act2의 XML 파일 두 개를 만들었습니다. 그런데 act1.xml과 act2.xml이 추가될 때 res 폴더의 Layout 폴더에 생성되는 경우가 있습니다. 그런 경우에는 파일을 복사하여 anim 폴더에 붙여 넣기 하고 Layout 폴더에 생성된 act1.xml과 act2.xml 파일은 지우기 바랍니다.

생성된 xml 파일에 코드를 추가하겠습니다. act1 파일에는 다음과 같은 코드를 입력합니다.

```
<?xml version="1.0" encoding="utf-8"?>
<translate xmlns:android="http://schemas.android.com/apk/res/android"
    android:fromXDelta="0%"
    android:toXDelta="-100%"
    android:duration="10000"
    android:repeatCount="-1"
    android:fillAfter="true" />
```

'<translate'로 시작하여 '/>'로 닫는 형태는 이동 애니메이션을 정의하는 XML 요소입니다. 그 안에 있는 내용은 다음과 같습니다.

android:fromXDelta: 애니메이션의 시작 위치를 지정합니다. x좌표가 0%에서 시작합니다.

android:toXDelta: 애니메이션의 끝 위치를 지정합니다. 이 코드에서는 x좌표가 -100%로 이동합니다.

android:duration: 애니메이션의 지속 시간을 지정합니다. 10초 동안 이동합니다.

android:repeatCount: 애니메이션의 반복 횟수를 지정합니다. -1은 무한 반복합니다.

android:fillAfter: 애니메이션 종료 후 위치를 유지할지 여부를 지정합니다. true로 설정하여 위치를 유지합니다.

act2 파일에는 다음과 같은 코드를 입력합니다.

```xml
<?xml version="1.0" encoding="utf-8"?>
<scale xmlns:android="http://schemas.android.com/apk/res/android"
    android:duration="3000"
    android:pivotX="50%"
    android:pivotY="50%"
    android:fromXScale="1.0"
    android:fromYScale="1.0"
    android:toXScale="3.0"
    android:toYScale="3.0"
    />
```

'〈scale〉'로 시작하여 '/〉'로 닫는 구조는 크기 조절 애니메이션을 정의하는 XML 요소입니다. 그 안에 있는 내용은 다음과 같습니다.

> **android:duration:** 애니메이션의 지속 시간을 지정합니다. 여기서는 3초 동안 크기를 조절합니다.
>
> **android:pivotX:** 애니메이션을 X축 기준점을 지정합니다.
>
> **android:pivotY:** 애니메이션을 Y축 기준점을 지정합니다.
>
> **android:fromXScale:** 애니메이션의 시작할 X축 크기 비율을 지정합니다. 여기서는 X축 크기가 1.0배로 시작합니다.
>
> **android:fromYScale:** 애니메이션의 시작할 Y축 크기 비율을 지정합니다. 여기서는 Y축 크기가 1.0배로 시작합니다.

android:toXScale: 애니메이션의 종료할 X축 크기 비율을 지정합니다. 여기서는 X축 크기가 3.0배로 커집니다.

android:toYScale: 애니메이션의 종료할 Y축 크기 비율을 지정합니다. 여기서는 Y축 크기가 3.0배로 커집니다.

그리고 MainActivity에 버튼 이벤트에 대한 코드를 입력하겠습니다. 버튼을 누르면 각각 xml 파일에 추가한 코드들, 즉 act1.xml, act2.xml이 실행된다고 생각하면 됩니다.

다음과 같이 코드를 입력합니다.

```
val btn1 = findViewById<Button>(R.id.button)

btn1.setOnClickListener {
    val anim = AnimationUtils.loadAnimation(this, R.anim.act1)
    btn1.startAnimation(anim)
}

val btn2 = findViewById<Button>(R.id.button2)

btn2.setOnClickListener {
    val anim = AnimationUtils.loadAnimation(this, R.anim.act2)
    btn2.startAnimation(anim)
}
```

AnimationUtils.loadAnimation(this,R.anim.act1)는 현재 컨텍스트(this)와 애니메이션 리소스 파일(R.anim.act1)을 인수로 전달하여 Animation 객체를 생성하는 메서드입니다. 이 메서드는 리소스 ID를 기반으로 애니메이션 객체를 생성하며, 애니메이션 파일은 res/anim 디렉터리 파일을 참조합니다. 그리고 생성된 애니메이션 객체를 변수 anim에 할당합니다.

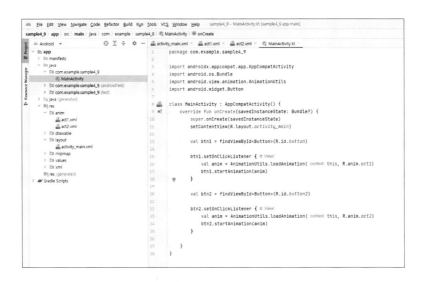

작성이 완료되었으면 실행(▶)을 하고 버튼을 누르면 각각 버튼이 다른 애니메이션을 볼 수 있습니다.

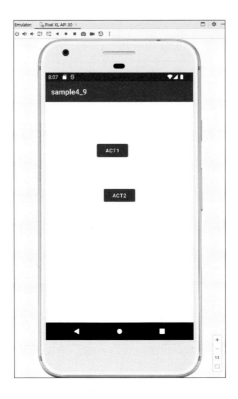

버튼 ACT1을 누르면 버튼이 왼쪽으로 이동하는 애니메이션을, 버튼 ACT2를 누르면 버튼이 커지는 애니메이션을 실행합니다.

이처럼 간단하게 애니메이션 기능을 구현할 수 있습니다. 이런 기능들을 잘 학습하여 다른 응용분야에 활용하면 앱의 품질을 높일 수 있습니다.

지금까지 작성한 코드는 다음과 같습니다.

MainActivity.kr

```
import androidx.appcompat.app.AppCompatActivity
import android.os.Bundle
import android.view.animation.AnimationUtils
import android.widget.Button

class MainActivity: AppCompatActivity() {
    override fun onCreate(savedInstanceState: Bundle?) {
        super.onCreate(savedInstanceState)
        setContentView(R.layout.activity_main)

        val btn1 = findViewById<Button>(R.id.button)
```

```kotlin
        btn1.setOnClickListener {
            val anim = AnimationUtils.loadAnimation(this, R.anim.
            act1)
            btn1.startAnimation(anim)
        }

        val btn2 = findViewById<Button>(R.id.button2)

        btn2.setOnClickListener {
            val anim = AnimationUtils.loadAnimation(this, R.anim.
            act2)
            btn2.startAnimation(anim)
        }
    }
}
```

act1.xml

```xml
<?xml version="1.0" encoding="utf-8"?>
<translate xmlns:android="http://schemas.android.com/apk/res/android"
    android:fromXDelta="0%"
    android:toXDelta="-100%"
    android:duration="10000"
    android:repeatCount="-1"
    android:fillAfter="true"
    />
```

act2.xml

```xml
<?xml version="1.0" encoding="utf-8"?>
<scale xmlns:android="http://schemas.android.com/apk/res/android"
    android:duration="3000"
    android:pivotX="50%"
    android:pivotY="50%"
    android:fromXScale="1.0"
    android:fromYScale="1.0"
    android:toXScale="3.0"
    android:toYScale="3.0"
    />
```

코드를 보는 것이 낯설지 않고 자연스럽게 간단한 코딩을 할 수 있는 습관이 들도록 많은 연습이 중요합니다. 코딩이 익숙하지 않고 어렵다는 부담으로 인해 자꾸만 멀게만 느껴진다면 결국에는 아예 포기하는 상황이 벌어지기도 합니다. 하지만 프로그래밍을 가볍게 생각하고 항상 아이디어를 구현하려고 할 때 진짜 개발자에 한걸음 다가갈 수 있습니다.

지금까지 배운 앱의 기능을 응용해서 모바일 페이지 앱을 만들어 보도록 하겠습니다. 몇 가지 앱을 만들어 보면서 기능을 조합하겠습니다. 이번에 만들 앱은 언제나 쉽게 모바일 사이트로 이동할 수 있는 앱입니다. 모바일 즐겨찾기 앱이라고 할 수 있으며, 이런 유사한 기능의 기존 앱들을 많이 볼 수 있습니다. 이번에 만들 앱의 기능들을 미리 살펴보면 다음과 같습니다.

앱의 리스트에 앱 아이콘을 구현합니다.

인트로 페이지가 있으며 일정 시간이 지난 후 메인 페이지로 이동합니다.

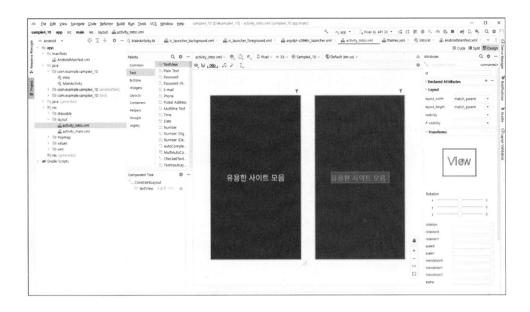

상단에는 웹사이트 바로가기 버튼과 하단에는 웹 페이지 이동, 새로고침 버튼이 있습니다.

교통 정보 사이트로 이동할 수 있습니다.

취업 정보 사이트로 이동할 수 있습니다.

날씨 정보로 이동할 수 있습니다.

구글 지도를 볼 수 있습니다.

이와 같은 기능들을 구현하기 위해 프로젝트 파일을 하나 생성합니다. 그리고 java 폴더에 마우스를 올리고 마우스 우측 버튼을 클릭합니다.

그림과 같이 메뉴가 나타나면 New > Activity > Empty Activity를 선택합니다. 그리고 intro
액티비티 파일과 intro.xml을 추가합니다.

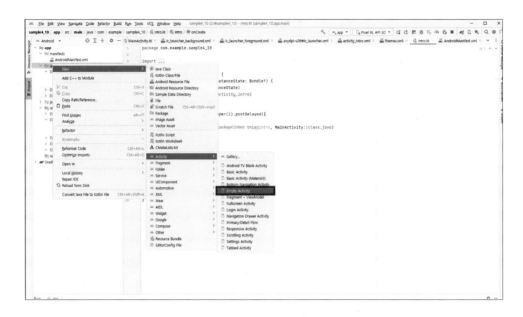

intro 파일을 선택하여 5초 후에 MainActivity 화면으로 이동하는 코드를 그림과 같이 추가합
니다.

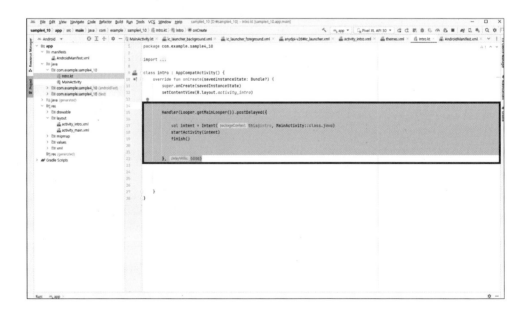

intro.xml 레이어 화면에 앱 이름을 적습니다. 초기 인트로 화면을 구성합니다.

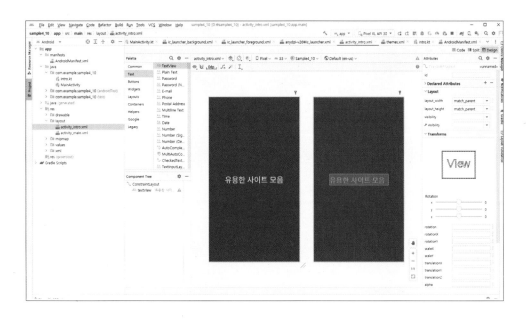

MainActivity 파일에 웹뷰(WebView)와 버튼 기능을 추가합니다. 사이트 페이지 이동은 다음 주소를 참고했습니다.

```
web1.loadUrl("https://topis.seoul.go.kr/")
// 서울 교통 정보 사이트
web1.loadUrl("https://m.work.go.kr/main.do")
// 노동부 취업 사이트 워크넷 모바일 사이트
web1.loadUrl("https://www.weather.go.kr/w/index.do")
// 기상청 사이트
web1.loadUrl("https://www.google.co.kr/maps/")
// 구글 지도 사이트
```

MainActivity 파일과 연결된 activity_main.xml 레이아웃에 버튼을 추가합니다.

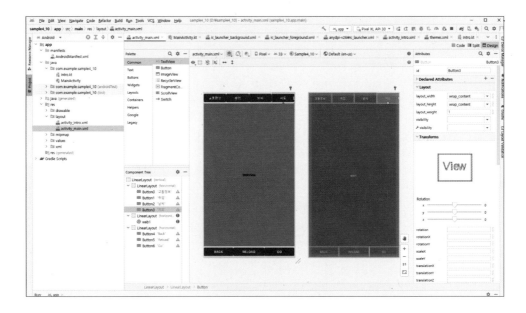

앱 목록에 나타나는 앱 아이콘을 만들어 보겠습니다.

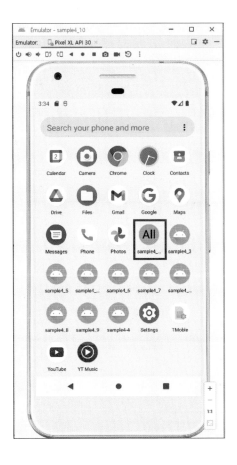

res 폴더 위에 마우스를 올리고 마우스 오른쪽 버튼을 누릅니다. 그럼 다음 그림과 같이 메뉴 목록이 나오는데 New > Image Asset을 선택합니다.

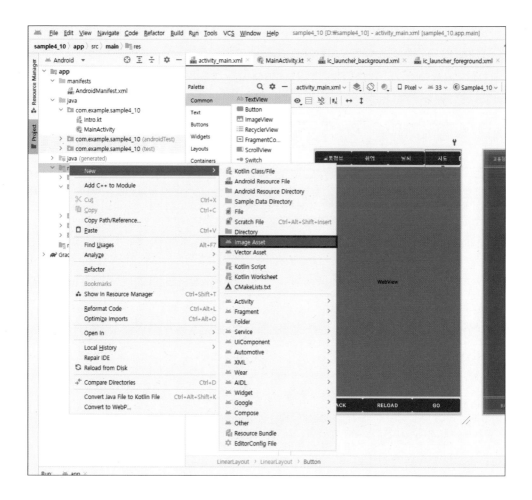

앱 목록에 보이는 아이콘을 만드는 화면입니다.

Configure Image Asset은 앱에서 사용될 이미지를 생성하고 구성하는 도구입니다. 이 도구를 사용하면 다양한 유형의 이미지를 자동으로 생성할 수 있으며, 이는 앱을 개발하는 데 매우 유용합니다.

Asset type에는 image, clip art, Text가 있습니다. image는 내가 만든 이미지 아이콘을 불러와서 사용하는 것이고, clip art는 안드로이드 스튜디오가 제공하는 기본 아이콘을 선택하여 사용할 수 있습니다.

Text는 Text 입력으로 쉽게 아이콘을 만들 수 있는 아이콘입니다. 이번에는 Text를 선택하겠습니다. 그리고 하단에 아이콘에 들어가는 Text 명을 입력합니다. 'All'이라고 입력을 하고 [Next]를 누릅니다.

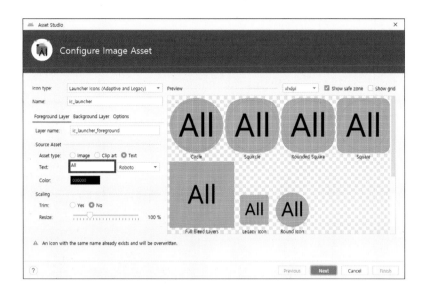

다음과 같은 화면이 나타납니다. Configure Icon Path는 앱에서 사용되는 아이콘 이미지를 지정하는 경로를 설정하는 화면입니다. 그런데 목록이 빨간색으로 나타납니다. 경로가 지정되어 있지 않아서 발생하는 현상입니다.

Source set을 선택하여 Debug, release 중 하나를 선택합니다. 그러면 빨간색 목록이 사라지는 것을 볼 수 있습니다. 경로가 자동으로 정해졌다는 의미입니다. [Finish]를 눌러 아이콘 생성을 완료합니다.

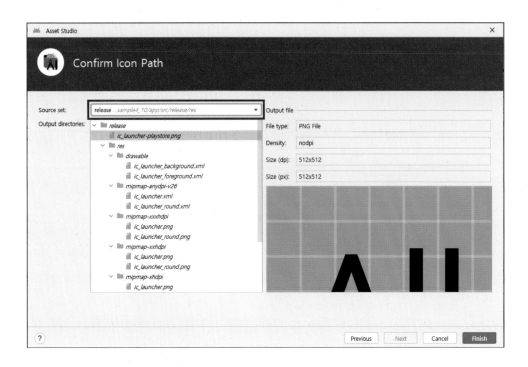

웹뷰를 추가하면 항상 인터넷 사용에 대한 퍼미션(권한)을 추가해야 합니다. AndroidManifest.xml 파일에 android.permission.INTERNET을 추가합니다.

코드 작성이 완료되었으면 실행합니다.

다음과 같이 인트로 파일 로딩 후에 메인 페이지로 이동하는 것을 볼 수 있습니다.

작성된 코드는 다음과 같습니다.

AndroidManifest.xml

```
<?xml version="1.0" encoding="utf-8"?>
<manifest xmlns:android="http://schemas.android.com/apk/res/android"
    xmlns:tools="http://schemas.android.com/tools">

    <uses-permission android:name="android.permission.INTERNET" />

    <application
        android:allowBackup="true"
        android:dataExtractionRules="@xml/data_extraction_rules"
        android:fullBackupContent="@xml/backup_rules"
        android:icon="@mipmap/ic_launcher"
        android:label="@string/app_name"
```

```
                android:supportsRtl="true"
                android:theme="@style/Theme.Sample4 _ 10"
                tools:targetApi="31">
                <activity
                    android:name=".MainActivity"
                    android:exported="false" />
                <activity
                    android:name=".intro"
                    android:exported="true">
                    <intent-filter>
                        <action android:name="android.intent.action.MAIN" />

                        <category android:name="android.intent.category.
                        LAUNCHER" />
                    </intent-filter>
                </activity>
        </application>

</manifest>
```

intro.kt

```kotlin
import android.content.Intent
import androidx.appcompat.app.AppCompatActivity
import android.os.Bundle
import android.os.Handler
import android.os.Looper

class intro: AppCompatActivity() {
    override fun onCreate(savedInstanceState: Bundle?) {
        super.onCreate(savedInstanceState)
        setContentView(R.layout.activity _ intro)

        Handler(Looper.getMainLooper()).postDelayed({

            val intent = Intent(this@intro, MainActivity::class.java)
            startActivity(intent)
            finish()
        }, 5000)
    }
}
```

MainActivity.kt

```kotlin
import androidx.appcompat.app.AppCompatActivity
import android.os.Bundle
import android.webkit.WebView
import android.webkit.WebViewClient
import android.widget.Button

class MainActivity: AppCompatActivity() {
    override fun onCreate(savedInstanceState: Bundle?) {
        super.onCreate(savedInstanceState)
        setContentView(R.layout.activity_main)
        var web1: WebView = findViewById(R.id.web1)
        web1.webViewClient = WebViewClient()
        web1.loadUrl("https://www.google.co.kr/?hl=ko")
        web1.settings.javaScriptEnabled = true

        val btn0 = findViewById<Button>(R.id.Button0)
        btn0.setOnClickListener {
            web1.loadUrl("https://topis.seoul.go.kr/")
        }
        val btn1 = findViewById<Button>(R.id.Button1)
        btn1.setOnClickListener {
            web1.loadUrl("https://m.work.go.kr/main.do")
        }
        val btn2 = findViewById<Button>(R.id.Button2)
        btn2.setOnClickListener {
            web1.loadUrl("https://www.weather.go.kr/w/index.do")
        }
        val btn3 = findViewById<Button>(R.id.Button3)
        btn3.setOnClickListener {
            web1.loadUrl("https://www.google.co.kr/maps/")
        }
        val back_btn = findViewById<Button>(R.id.Button4)
        back_btn.setOnClickListener {
            web1.goBack()
        }
        val reload_btn = findViewById<Button>(R.id.Button5)
        reload_btn.setOnClickListener {
            web1.reload()
        }
```

```
            val go_btn = findViewById<Button>(R.id.Button6)
            go_btn.setOnClickListener {
                web1.goForward()
            }

        }

    }
```

activity _ intro.xml

```xml
<?xml version="1.0" encoding="utf-8"?>
<androidx.constraintlayout.widget.ConstraintLayout
    xmlns:android="http://schemas.android.com/apk/res/android"
    xmlns:app="http://schemas.android.com/apk/res-auto"
    xmlns:tools="http://schemas.android.com/tools"
    android:layout_width="match_parent"
    android:layout_height="match_parent"
    android:background="#016105"
    tools:context=".intro">

    <TextView
        android:id="@+id/textView"
        android:layout_width="wrap_content"
        android:layout_height="wrap_content"
        android:text="유용한 사이트 모음"
        android:textColor="#FFFAFA"
        android:textSize="34sp"
        app:layout_constraintBottom_toBottomOf="parent"
        app:layout_constraintEnd_toEndOf="parent"
        app:layout_constraintStart_toStartOf="parent"
        app:layout_constraintTop_toTopOf="parent" />

</androidx.constraintlayout.widget.ConstraintLayout>
```

activity _ main.xml

```xml
<?xml version="1.0" encoding="utf-8"?>
<LinearLayout xmlns:android="http://schemas.android.com/apk/res/android"
    android:layout_width="fill_parent"
    android:layout_height="fill_parent"
    android:orientation="vertical" >
    <LinearLayout
        android:layout_width="fill_parent"
        android:layout_height="wrap_content"
        android:orientation="horizontal"
        android:background="#ece9d8"
        >
        <Button
            android:id="@+id/Button0"
            android:layout_width="wrap_content"
            android:layout_height="wrap_content"
            android:layout_weight="1"
            android:text="교통정보"
            />
        <Button
            android:id="@+id/Button1"
            android:layout_width="wrap_content"
            android:layout_height="wrap_content"
            android:layout_weight="1"
            android:text="취업"
            />
        <Button
            android:id="@+id/Button2"
            android:layout_width="wrap_content"
            android:layout_height="wrap_content"
            android:layout_weight="1"
            android:text="날씨" />
        <Button
            android:id="@+id/Button3"
            android:layout_width="wrap_content"
            android:layout_height="wrap_content"
            android:layout_weight="1"
            android:text="지도" />
    </LinearLayout>
    <LinearLayout
```

```
        android:layout_width="fill_parent"
        android:layout_height="wrap_content"
        android:layout_weight="5"
        android:orientation="horizontal" >
        <WebView
            android:id="@+id/web1"
            android:layout_width="fill_parent"
            android:layout_height="fill_parent" />
    </LinearLayout>
    <LinearLayout
        android:layout_width="fill_parent"
        android:layout_height="wrap_content"
        android:orientation="horizontal"
        android:background="#ece9d8"
        >
        <Button
            android:id="@+id/Button4"
            android:layout_width="wrap_content"
            android:layout_height="wrap_content"
            android:layout_weight="1"
            android:text="Back" />
        <Button
            android:id="@+id/Button5"
            android:layout_width="wrap_content"
            android:layout_height="wrap_content"
            android:layout_weight="1"
            android:text="Reload" />
        <Button
            android:id="@+id/Button6"
            android:layout_width="wrap_content"
            android:layout_height="wrap_content"
            android:layout_weight="1"
            android:text="Go" />
    </LinearLayout>
</LinearLayout>
```

자주 사용하는 전화번호를 앱에 저장해 두었다가 바로 연결할 수 있는 전화번호 앱을 만들어 보겠습니다. 자주 사용하는 친구나 지인의 전화번호를 이용하여 앱을 만들어서 직접 사용할 수 있습니다.

앱의 결과 화면은 다음과 같습니다. 원하는 전화번호 7개를 나열하여 버튼만 바로 누르면 전화 연결이 가능합니다.

버튼을 누르면 바로 지정된 전화번호로 연결이 됩니다. 예시는 에뮬레이터 화면이며 직접 단말기에 넣어 테스트를 해 보면 전화 연결까지 가능합니다.

이제 만들어 보겠습니다. 단축번호 버튼을 5개 만듭니다.

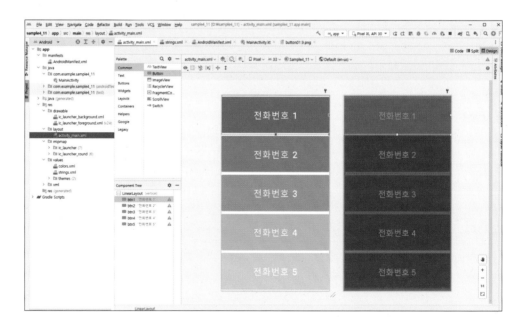

버튼을 추가할 때는 Component Tree의 Convert view…를 선택해서 LinearLayout으로 변경을 해야 합니다.

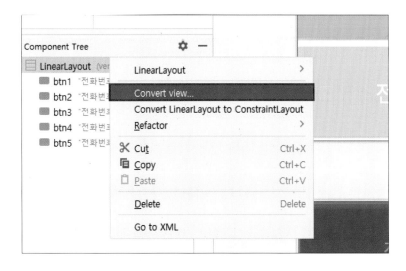

LinearLayout을 선택합니다.

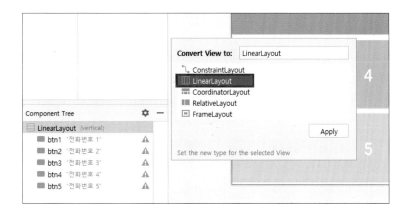

LinearLayout에서 세로로 버튼이 쌓이도록 vertical을 선택합니다.

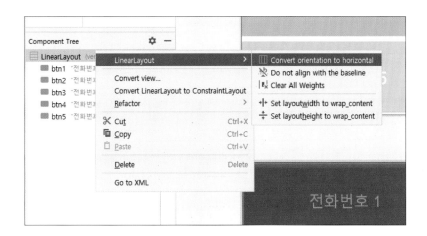

생성된 5개의 버튼은 다음과 같습니다. 5개 버튼의 높이 폭을 같은 비율로 설정하기 위해서는 버튼 속성 창의 layout_weight를 1로 설정합니다.

MainActivity.kt에 사용된 코드는 다음과 같습니다.

```kotlin
val Button01 = findViewById<Button>(R.id.btn1)

Button01.setOnClickListener {
    val intent = Intent(Intent.ACTION_DIAL, Uri.parse("-tel:010-111-2222"))
    startActivity(intent);
}
```

각각의 버튼 아이디에 맞는 버튼을 선언하고

```kotlin
val Button01 = findViewById<Button>(R.id.btn1)
```

선언한 버튼을 눌렀을 때 실행하는 내용을 정의하였습니다.

```
Button01.setOnClickListener {

// 버튼을 눌렀을 때 실행하는 내용

}
```

버튼을 눌렀을 때 실행하는 내용은 다음과 같습니다.

```
val intent = Intent(Intent.ACTION _ DIAL,Uri.parse("tel:010-111-2222"))

startActivity(intent);
```

Intent 클래스를 사용하여 인텐트 객체를 생성합니다. ACTION_DIAL 상수를 전달하여 이 인텐트가 전화를 걸기 위한 것임을 나타냅니다. Uri 클래스를 사용하여 "tel:010-111-2222" 문자열을 URI 형식으로 변환합니다.

"tel:"은 전화번호를 나타내는 스킴(scheme)입니다. 스킴은 특정 프로토콜(protocol)을 나타내는 문자열입니다. 예를 들어 "http://www.example.com" 주소에서 "http"가 스킴이며, HTTP 프로토콜을 사용하여 해당 리소스에 접근하도록 합니다. 그리고 parse() 메서드를 호출하여 변환된 URI를 인텐트에 설정합니다.

그리고, 전화 기능을 사용하기 위해서는 인터넷이 연결되는 웹뷰에서 퍼미션을 추가하듯이 전화 관련 퍼미션을 추가해야 합니다. AndroidManifest.xml 파일을 클릭하여 다음 내용을 추가합니다.

```xml
<?xml version="1.0" encoding="utf-8"?>
<manifest xmlns:android="http://schemas.android.com/apk/res/android"
    xmlns:tools="http://schemas.android.com/tools">

    <uses-permission android:name="android.permission.CALL _ PHONE"/>

    <application
        android:allowBackup="true"
        android:dataExtractionRules="@xml/data _ extraction _ rules"

<중략>
```

버튼의 색을 변경하기 위해서는 버튼을 선택한 후 속성에서 backgroundTint를 누르면 색을 선택하는 색 팔레트가 나타납니다. 원하는 버튼 색을 선택하면 됩니다.

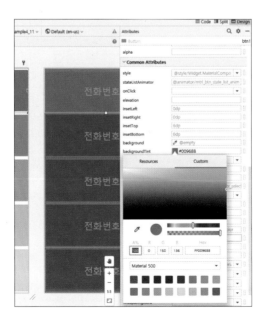

버튼 텍스트의 크기를 키우기 위해서는 속성 텍스트 크기(textSize)를 키웁니다.

그 외의 속성들의 의미는 다음과 같습니다.

① **contentDescription:** 이미지나 미디어 요소에 대한 대체 텍스트를 제공하는 데 사용됩니다. 주로 접근성(Accessibility) 목적으로 사용되며, 시각 장애인이나 저시력자 등이 앱을 사용할 때 화면에 표시되지 않는 정보를 전달합니다.

② **textAppearance:** 텍스트의 모양과 스타일을 지정하는 데 사용됩니다. 텍스트의 크기, 색상, 글꼴, 스타일 등을 일괄적으로 설정할 수 있습니다.

③ **fontFamily:** 텍스트에 사용할 글꼴을 지정하는 데 사용됩니다. 시스템 글꼴이나 앱 내에 포함된 글꼴 파일을 사용할 수 있습니다.

④ **typeface:** 텍스트에 특정 글꼴(Typeface)을 적용하는 데 사용됩니다. 사전에 로드한 글꼴 파일을 사용하거나 기본 시스템 글꼴을 사용할 수 있습니다.

⑤ **lineSpacingExtra:** 텍스트 줄 간격의 추가 여백을 지정하는 데 사용됩니다. 텍스트 줄 사이에 추가 여백을 주어 가독성을 향상할 수 있습니다.

앱의 타이틀 바에 "나만의 전화번호"라고 입력해 보겠습니다.

res 폴더 하단의 values 폴더에서 strings.xml 파일을 선택합니다. 텍스트를 수정하면 앱의 타이틀 바의 텍스트를 변경할 수 있습니다.

```
<resources>
<string name="app _ name">나만의 전화 번호</string>
</resources>
```

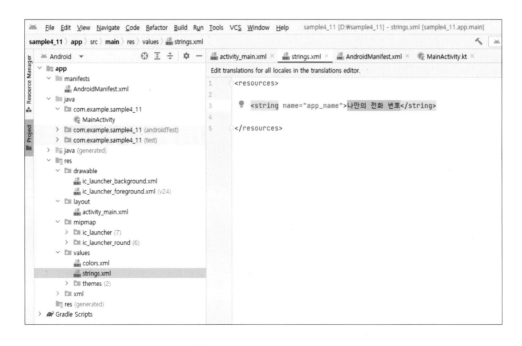

사용된 코드는 다음과 같습니다.

MainActivity.kt

```kotlin
import android.content.Intent
import android.net.Uri
import androidx.appcompat.app.AppCompatActivity
import android.os.Bundle
import android.widget.Button

class MainActivity: AppCompatActivity() {
    override fun onCreate(savedInstanceState: Bundle?) {
        super.onCreate(savedInstanceState)
        setContentView(R.layout.activity_main)

        val Button01 = findViewById<Button>(R.id.btn1)
        val Button02 = findViewById<Button>(R.id.btn2)
        val Button03 = findViewById<Button>(R.id.btn3)
        val Button04 = findViewById<Button>(R.id.btn4)
        val Button05 = findViewById<Button>(R.id.btn5)

        Button01.setOnClickListener {
            val intent = Intent(Intent.ACTION_DIAL, Uri.parse("tel:010-111-2222"))
            startActivity(intent);
        }

        Button02.setOnClickListener {
            val intent = Intent(Intent.ACTION_DIAL, Uri.parse("tel:010-222-2222"))
            startActivity(intent);
        }

        Button03.setOnClickListener {
            val intent = Intent(Intent.ACTION_DIAL, Uri.parse("tel:010-333-2222"))
            startActivity(intent);
        }

        Button04.setOnClickListener {
            val intent = Intent(Intent.ACTION_DIAL, Uri.parse("tel:010-444-2222"))
            startActivity(intent);
```

```
        }

        Button05.setOnClickListener {
            val intent = Intent(Intent.ACTION_DIAL, Uri.parse("-
                tel:010-555-2222"))
            startActivity(intent);
        }
    }
}
```

AndroidManifest.xml

```xml
<?xml version="1.0" encoding="utf-8"?>
<manifest xmlns:android="http://schemas.android.com/apk/res/android"
    xmlns:tools="http://schemas.android.com/tools">

    <uses-permission android:name="android.permission.CALL_PHONE"/>

    <application
        android:allowBackup="true"
        android:dataExtractionRules="@xml/data_extraction_rules"
        android:fullBackupContent="@xml/backup_rules"
        android:icon="@mipmap/ic_launcher"
        android:label="@string/app_name"
        android:supportsRtl="true"
        android:theme="@style/Theme.Sample4_11"
        tools:targetApi="31">
        <activity
            android:name=".MainActivity"
            android:exported="true">
            <intent-filter>
                <action android:name="android.intent.action.MAIN" />

                <category android:name="android.intent.category.
                    LAUNCHER" />
            </intent-filter>
        </activity>
    </application>
</manifest>
```

activity _ main.xml

```xml
<?xml version="1.0" encoding="utf-8"?>
<LinearLayout xmlns:android="http://schemas.android.com/apk/res/android"
    xmlns:app="http://schemas.android.com/apk/res-auto"
    xmlns:tools="http://schemas.android.com/tools"
    android:layout _ width="match _ parent"
    android:layout _ height="match _ parent"
    android:background="#00FFFFFF"
    android:orientation="vertical"
    tools:context=".MainActivity">


    <Button
        android:id="@+id/btn1"
        android:layout _ width="match _ parent"
        android:layout _ height="wrap _ content"
        android:layout _ weight="1"
        android:backgroundTint="#009688"
        android:text="전화번호 1"
        android:textSize="34sp" />

    <Button
        android:id="@+id/btn2"
        android:layout _ width="match _ parent"
        android:layout _ height="wrap _ content"
        android:layout _ weight="1"
        android:backgroundTint="#4CAF50"
        android:text="전화번호 2"
        android:textSize="34sp" />

    <Button
        android:id="@+id/btn3"
        android:layout _ width="match _ parent"
        android:layout _ height="wrap _ content"
        android:layout _ weight="1"
        android:backgroundTint="#8BC34A"
        android:text="전화번호 3"
        android:textSize="34sp" />

    <Button
        android:id="@+id/btn4"
```

```
        android:layout _ width="match _ parent"
        android:layout _ height="wrap _ content"
        android:layout _ weight="1"
        android:backgroundTint="#CDDC39"
        android:text="전화번호 4"
        android:textSize="34sp" />

    <Button
        android:id="@+id/btn5"
        android:layout _ width="match _ parent"
        android:layout _ height="wrap _ content"
        android:layout _ weight="1"
        android:backgroundTint="#FFEB3B"
        android:text="전화번호 5"
        android:textSize="34sp" />

</LinearLayout>
```

strings.xml

```
<resources>
    <string name="app _ name">나만의 전화 번호</string>
</resources>
```

 ## 12. 드럼박스 앱 만들기

스마트폰으로 악기를 연주할 수 있는 악기 앱은 사용자들에게 인기 있는 앱 중에 하나입니다. 악기 앱은 사운드만 좋다면 이미 반 이상 구현되었다고 할 수 있습니다. 우리는 앞에서 버튼을 누르면 소리가 나는 기능을 학습한 바 있습니다. 이 기능을 이용하여 간단한 드럼을 만들도록 하겠습니다.

버튼 4개는 각각 드럼 음원이 들어 있습니다. '베이스(bass)'는 드럼의 발 베이스이고 '스네어(snare)'는 스네어 드럼입니다. '탐탐(tom tom)'은 탐 드럼을 말하며 '심벌즈(cymbal)'는 심벌즈를 의미합니다. 드럼이기 때문에 버튼을 최대한 크게 만들어 구현하였습니다.

res 폴더에 raw 폴더를 만들고 이미 준비한 4개의 드럼 사운드를 추가합니다.

버튼 각각의 코드에서 버튼의 가로, 세로 속성을 wrap_content, match_parent로 구성합니다.

```
<Button
    android:id="@+id/bass"
    android:layout_width="wrap_content"
    android:layout_height="match_parent"
    android:layout_marginStart="3dp"
    android:layout_marginLeft="3dp"
    android:layout_marginTop="3dp"
    android:layout_marginEnd="3dp"
    android:layout_marginRight="3dp"
    android:layout_weight="1"
    android:backgroundTint="#00BCD4"
    android:text="Bass drum" />
```

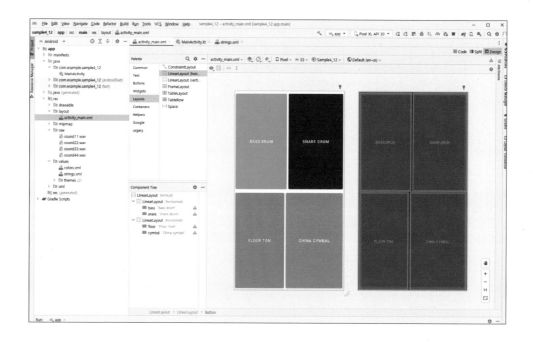

MainActivity 파일에 코딩을 합니다. 기능을 하나 익히고 복사, 붙여 넣기로 기능을 추가합니다.

사용된 코드는 다음과 같습니다.

MainActivity.kt

```kotlin
import android.media.SoundPool
import androidx.appcompat.app.AppCompatActivity
import android.os.Bundle
import android.widget.Button

class MainActivity: AppCompatActivity() {
    override fun onCreate(savedInstanceState: Bundle?) {
        super.onCreate(savedInstanceState)
        setContentView(R.layout.activity_main)

        val mPlay = SoundPool.Builder().build()
        val SD1 = mPlay.load(this, R.raw.sound11, 1)
        val SD2 = mPlay.load(this, R.raw.sound22, 1)
        val SD3 = mPlay.load(this, R.raw.sound33, 1)
        val SD4 = mPlay.load(this, R.raw.sound44, 1)
        val btn1 = findViewById<Button>(R.id.bass)
        val btn2 = findViewById<Button>(R.id.snare)
        val btn3 = findViewById<Button>(R.id.floor)
```

```kotlin
        val btn4 = findViewById<Button>(R.id.cymbal)

        btn1.setOnClickListener {
            mPlay.play(SD1, 1.0f, 1.0f, 0, 0, 1.0f)
        }

        btn2.setOnClickListener {
            mPlay.play(SD2, 1.0f, 1.0f, 0, 0, 1.0f)
        }

        btn3.setOnClickListener {
            mPlay.play(SD3, 1.0f, 1.0f, 0, 0, 1.0f)
        }

        btn4.setOnClickListener {
            mPlay.play(SD4, 1.0f, 1.0f, 0, 0, 1.0f)
        }
    }
}
```

activity _ main.xml

```xml
<?xml version="1.0" encoding="utf-8"?>
<LinearLayout xmlns:android="http://schemas.android.com/apk/res/android"
    xmlns:app="http://schemas.android.com/apk/res-auto"
    xmlns:tools="http://schemas.android.com/tools"
    android:layout _ width="match _ parent"
    android:layout _ height="match _ parent"
    android:orientation="vertical"
    tools:context=".MainActivity" >

    <LinearLayout
        android:layout _ width="match _ parent"
        android:layout _ weight="1"
        android:layout _ height="match _ parent"
        android:orientation="horizontal">

        <Button
            android:id="@+id/bass"
            android:layout _ width="wrap _ content"
```

```xml
            android:layout_height="match_parent"
            android:layout_marginStart="3dp"
            android:layout_marginLeft="3dp"
            android:layout_marginTop="3dp"
            android:layout_marginEnd="3dp"
            android:layout_marginRight="3dp"
            android:layout_weight="1"
            android:backgroundTint="#00BCD4"
            android:text="Bass drum" />

        <Button
            android:id="@+id/snare"
            android:layout_width="wrap_content"
            android:layout_height="match_parent"
            android:layout_marginStart="3dp"
            android:layout_marginLeft="3dp"
            android:layout_marginTop="3dp"
            android:layout_marginEnd="3dp"
            android:layout_marginRight="3dp"
            android:layout_weight="1"
            android:backgroundTint="#9C27B0"
            android:text="Snare drum" />
    </LinearLayout>

    <LinearLayout
        android:layout_width="match_parent"
        android:layout_weight="1"
        android:layout_height="match_parent"
        android:orientation="horizontal">

        <Button
            android:id="@+id/floor"
            android:layout_width="wrap_content"
            android:layout_height="match_parent"
            android:layout_marginStart="3dp"
            android:layout_marginLeft="3dp"
            android:layout_marginTop="3dp"
            android:layout_marginEnd="3dp"
            android:layout_marginRight="3dp"
            android:layout_weight="1"
            android:backgroundTint="#4CAF50"
            android:text="Floor Tom" />
```

```
        <Button
            android:id="@+id/cymbal"
            android:layout_width="wrap_content"
            android:layout_height="match_parent"
            android:layout_marginStart="3dp"
            android:layout_marginLeft="3dp"
            android:layout_marginTop="3dp"
            android:layout_marginEnd="3dp"
            android:layout_marginRight="3dp"
            android:layout_weight="1"
            android:backgroundTint="#FF9800"
            android:text="China cymbal" />
    </LinearLayout>

</LinearLayout>
```

strings.xml

```
<resources>
    <string name="app_name">안드로이드 드럼</string>
</resources>
```

 13. 디지털 액자 만들기

이번에는 스마트폰 안에 있는 이미지를 불러와서 이미지 슬라이드 쇼를 보여줄 수 있는 디지털 액자 만들기를 학습해 보겠습니다.

먼저 앱의 실행 화면을 보면 두 개의 버튼이 보입니다. 오른쪽의 파란색 [사진 추가] 버튼은 스마트폰 갤러리에 있는 이미지를 불러오는 버튼입니다. 이미지가 추가되면 상단의 색깔 있는 박스 3개 안에 이미지가 추가됩니다. 그리고 왼쪽의 [전자액자 실행] 버튼을 누르면 이미지 슬라이드 쇼가 실행되는 앱입니다.

앱 실행 초기 화면입니다.

오른쪽의 파란색 [사진 추가] 버튼을 누르면 스마트폰의 갤러리로 이동합니다.

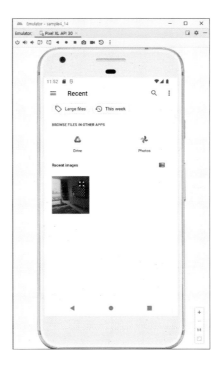

원하는 사진을 선택하면 이미지 한 장을 가지고 옵니다. 최대 3장의 사진을 가지고 올 수 있습니다.

왼쪽의 [전자액자 실행] 버튼을 누르면 이미지 슬라이드 쇼가 실행됩니다.

그럼 코드에 대해 알아보겠습니다. AndroidManifest.xml 파일에는 갤러리에 저장된 이미지를 불러 올 수 있는 권한을 주어야 합니다.

```
<uses-permission
android:name="android.permission.READ _ EXTERNAL _ STORAGE"></us-
es-permission>
```

코드를 다음 그림과 같이 추가합니다.

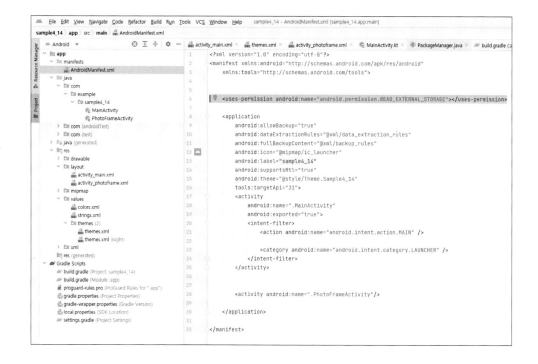

그리고 이미지 슬라이드 쇼를 보여줄 수 있는 Activity 파일과 XML 파일을 추가합니다.

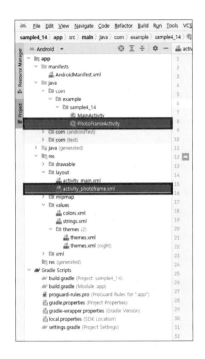

MainActivity의 코드는 다음과 같습니다.

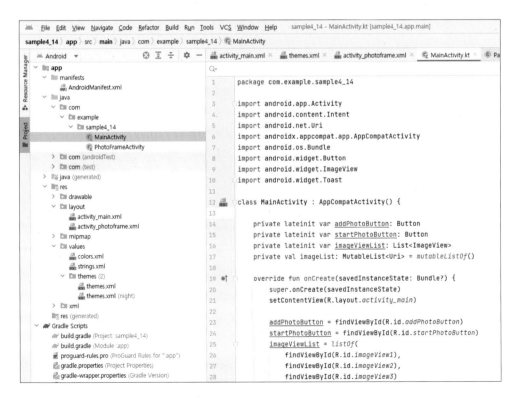

```kotlin
import android.app.Activity
import android.content.Intent
import android.net.Uri
import androidx.appcompat.app.AppCompatActivity
import android.os.Bundle
import android.widget.Button
import android.widget.ImageView
import android.widget.Toast

class MainActivity: AppCompatActivity() {

    private lateinit var addPhotoButton: Button
    private lateinit var startPhotoButton: Button
    private lateinit var imageViewList: List<ImageView>
    private val imageList: MutableList<Uri> = mutableListOf()
```
/* 변수를 선언하였습니다. 버튼, 이미지, imageList는 Uri타입으로 이미지의 위치를 저장합니다. 갤러리에서 선택된 이미지의 경로를 저장한다고 생각하시면 됩니다. */

```kotlin
    override fun onCreate(savedInstanceState: Bundle?) {
        super.onCreate(savedInstanceState)
        setContentView(R.layout.activity_main)

        addPhotoButton = findViewById(R.id.addPhotoButton)
        startPhotoButton = findViewById(R.id.startPhotoButton)
```
/* 이 화면에 나타나는 버튼의 버튼 ID와 연결하는 코드입니다. */
```kotlin
        imageViewList = listOf(
            findViewById(R.id.imageView1),
            findViewById(R.id.imageView2),
            findViewById(R.id.imageView3)
        )
```
/* ID를 가진 이미지뷰들을 찾아 할당하는 작업을 하는 코드입니다. */
```kotlin
        addPhotoButton.setOnClickListener {
            navigatePhotos()
        }
```
/* addPhotoButton 버튼을 누르면 코드 하단에 있는 navigatePhotos()함수를 실행하라는 것입니다. 이미지 갤러리로 이동합니다. */
```kotlin
        startPhotoButton.setOnClickListener {
            val intent = Intent(this, PhotoFrameActivity::class.java)
            imageList.forEachIndexed { index, uri ->
                intent.putExtra("photo$index", uri.toString())
            }
```

```
            intent.putExtra("photoListSize", imageList.size)
            startActivity(intent)
        }
    }

    private fun navigatePhotos() {
        val intent = Intent(Intent.ACTION_GET_CONTENT)
        intent.type = "image/*"
        startActivityForResult(intent, 500)
    }
```

/* val intent = Intent(Intent.ACTION_GET_CONTENT): ACTION_GET_
CONTENT 액션을 사용하여 액티비티를 호출하는 Intent 객체를 생성합니다. 이 액션은 사용자가 컨텐츠
(사진 등)를 선택할 수 있는 액티비티를 호출합니다.

intent.type = "image/*": Intent 객체의 type 속성을 설정하여 선택 가능한 컨텐츠의 타
입을 지정합니다. 여기서는 "image/*"로 설정하여 모든 이미지 타입을 필터링 합니다. 사용자는 이미지
를 선택할 수 있게 됩니다.

startActivityForResult(intent, 500): startActivityForResult 함수를 사용하
여 intent를 통해 호출된 액티비티를 실행합니다. 500은 요청 코드로서, 호출된 액티비티의 결과를 받
기 위해 사용됩니다. 요청 코드는 구분이 되는 원하는 숫자로 만들면 됩니다.

스마트폰의 갤러리로 이동하여 원하는 이미지를 선택할 수 있습니다. */

```
    override fun onActivityResult(requestCode: Int, resultCode: Int,
    data: Intent?) {
        super.onActivityResult(requestCode, resultCode, data)
        if (resultCode != Activity.RESULT_OK) {
            return
        }

        when (requestCode) {
            500 -> {
                val selectedImageUri: Uri? = data?.data

                if (selectedImageUri != null) {
                    if (imageList.size == 3) {
                        Toast.makeText(this, "3장의 사진 선택이 완료되었습니다.",
                        Toast.LENGTH_LONG).show()
                        return
                    }
```

```
                    imageList.add(selectedImageUri)
                    imageViewList[imageList.size - 1].setImageURI(se-
                    lectedImageUri)
                }
            }
        }
    }
}
```

/* override fun onActivityResult(requestCode: Int, resultCode: Int, data: Intent?): onActivityResult() 함수를 오버라이드하여 액티비티의 결과를 처리합니다. requestCode는 요청 코드, resultCode는 액티비티의 실행 결과 코드, data는 결과 데이터를 나타냅니다.

super.onActivityResult(requestCode, resultCode, data): 부모 클래스의 on-ActivityResult() 함수를 호출하여 기본 동작을 수행합니다.

if (resultCode != Activity.RESULT _ OK) { return }: resultCode가 Activity.RESULT _ OK가 아닌 경우 함수를 종료합니다. 이는 사용자가 액티비티에서 취소 또는 오류로 인해 선택을 취소한 경우를 처리하는 부분입니다.

when (requestCode) { 500 -> { ... } }: requestCode에 따라 분기하여 처리합니다. 여기서는 500인 경우를 처리합니다.

val selectedImageUri: Uri? = data?.data: data 인텐트에서 선택된 이미지의 URI를 가져옵니다. 선택된 이미지가 없는 경우 null일 수 있습니다.

if (selectedImageUri != null) { ... }: 선택된 이미지의 URI가 null이 아닌 경우를 처리합니다.

if (imageList.size == 3) { ... }: 이미지 리스트(imageList)의 크기가 3인 경우를 처리합니다. 이미지 리스트에 이미 3장의 사진이 있는 경우를 의미합니다.

imageList.add(selectedImageUri): 이미지 리스트에 선택된 이미지의 URI를 추가합니다.

imageViewList[imageList.size - 1].setImageURI(selectedImageUri): 이미지뷰 리스트(imageViewList)에서 마지막 위치의 이미지 뷰에 선택된 이미지를 설정합니다.   */

사진을 추가하고 이미지 슬라이드 쇼를 보여주는 화면(AndroidManifest.xml)을 다음과 같이 구성합니다. [전자액자 실행] 버튼을 왼쪽에, [사진 추가] 버튼을 오른쪽에 배치하였습니다. 그리고 상단에는 이미지 3장을 추가할 수 있는 이미지 뷰를 배치하고 구분을 위해 배경색을 다르게 구분하였습니다.

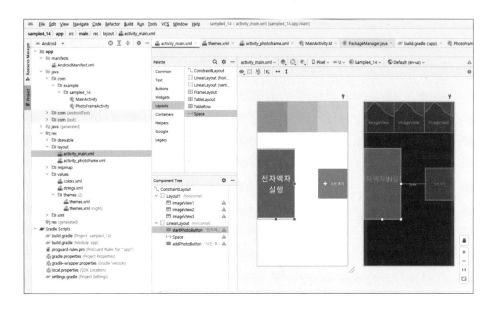

이미지 슬라이드 쇼를 보여주는 화면의 코드는 다음과 같습니다.

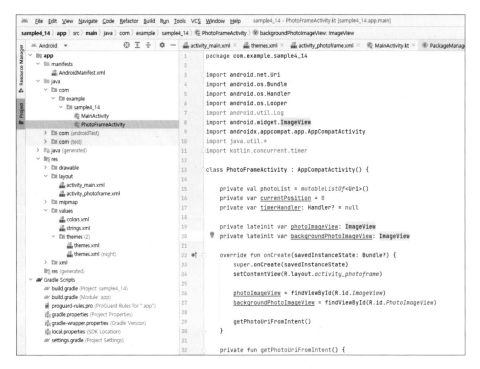

```
import android.net.Uri
import android.os.Bundle
import android.os.Handler
import android.os.Looper
import android.util.Log
import android.widget.ImageView
import androidx.appcompat.app.AppCompatActivity
import java.util.*
import kotlin.concurrent.timer

class PhotoFrameActivity: AppCompatActivity() {

    private val photoList = mutableListOf<Uri>()
    private var currentPosition = 0
    private var timerHandler: Handler? = null

    private lateinit var photoImageView: ImageView
    private lateinit var backgroundPhotoImageView: ImageView
/*
```

private val photoList = mutableListOf<Uri>(): photoList는 Uri 객체를 담는
가변리스트입니다. 이 리스트는 액티비티에 표시될 사진들의 URI를 저장합니다.

private var currentPosition = 0: currentPosition은 현재 표시되고 있는 사진의
인덱스를 나타냅니다. 초기값은 0이며, photoList에서 현재 사진을 선택하는데 사용됩니다.

private var timerHandler: Handler? = null: timerHandler는 Handler 객체
를 담는 변수입니다. 이 변수는 타이머 기능을 제어하는데 사용됩니다. 초기값은 null로 설정되어있습니다.

private lateinit var photoImageView: ImageView: photoImageView는 Ima-
geView 객체를 나타냅니다. 이 변수는 액티비티에서 현재 사진을 표시하는데 사용됩니다.

private lateinit var backgroundPhotoImageView: ImageView: back-
groundPhotoImageView는 ImageView 객체를 나타냅니다. 액티비티에서 배경으로 사용될 사진을
표시하는데 사용됩니다.

```
*/
    override fun onCreate(savedInstanceState: Bundle?) {
        super.onCreate(savedInstanceState)
        setContentView(R.layout.activity_photoframe)
        photoImageView = findViewById(R.id.ImageView)
        backgroundPhotoImageView = findViewById(R.id.PhotoImageView)
        getPhotoUriFromIntent()
    }
```

```
/*
super.onCreate(savedInstanceState): 부모 클래스의 onCreate() 메서드를 호출하여
초기 설정을 수행합니다.

setContentView(R.layout.activity_photoframe): 액티비티에 표시될 레이아웃을 설정
합니다. activity_photoframe 레이아웃이 사용됩니다.

photoImageView = findViewById(R.id.ImageView): photoImageView 변수에 액티비
티에서 R.id.ImageView로 정의된 이미지뷰를 연결합니다.

backgroundPhotoImageView = findViewById(R.id.PhotoImageView): back-
groundPhotoImageView 변수에 액티비티에서 R.id.PhotoImageView로 정의된 이미지 뷰를
연결합니다.

getPhotoUriFromIntent(): getPhotoUriFromIntent() 메서드를 호출하여 인텐트로부터
사진 URI(경로)를 가져옵니다.
*/

    private fun getPhotoUriFromIntent() {
        val size = intent.getIntExtra("photoListSize", 0)
        for (i in 0 until size) {
            intent.getStringExtra("photo$i")?.let {
                photoList.add(Uri.parse(it))
                }
            }
        }
    }
/*
val size = intent.getIntExtra("photoListSize", 0): 인텐트에서 "photoList-
Size"라는 이름의 정수형(extra) 값을 가져옵니다. 이 값은 photoList에 저장된 사진 URI의 개
수를 나타냅니다. 가져오는 과정에서 값이 존재하지 않으면 기본값으로 0을 사용합니다.


for (i in 0 until size): 0부터 size 직전까지의 범위를 반복합니다. size는 pho-
toList에 저장될 사진 URI의 개수입니다.


intent.getStringExtra("photo$i")?.let { ... }: 인텐트에서 "photo$i"라는 이름
의 문자열(extra) 값을 가져옵니다. 여기서 $i는 반복문에서 현재의 인덱스를 나타냅니다. 가져온 값이
null이 아닐 경우에만 수행합니다.

photoList.add(Uri.parse(it)): 가져온 문자열 값을 Uri.parse() 메서드를 사용하여 Uri
객체로 변환하고, 이를 photoList에 추가합니다.
*/
```

```kotlin
    private val timerRunnable = object: Runnable {
        override fun run() {
            val current = currentPosition
            val next = if (photoList.size <= currentPosition + 1) 0
            else
            currentPosition + 1

            backgroundPhotoImageView.setImageURI(photoList[current])

            photoImageView.alpha = 0f
            photoImageView.setImageURI(photoList[next])

            photoImageView.animate()
                .alpha(1.0f)
                .setDuration(1000)
                .start()

            currentPosition = next

            startTimer()
        }
    }
/*
```

run() 메서드: Runnable 인터페이스를 구현한 익명 클래스로, run() 메서드를 오버라이드하여 구현합니다. 이 메서드는 타이머에 의해 주기적으로 실행됩니다.

val current = currentPosition: 현재 사진의 인덱스를 저장합니다.

val next = if (photoList.size <= currentPosition + 1) 0 else currentPosition + 1: 다음 사진의 인덱스를 계산합니다. 만약 현재 사진이 마지막 사진이라면 다음 사진은 첫번째 사진이 되도록 설정합니다.

backgroundPhotoImageView.setImageURI(photoList[current]): backgroundPhotoImageView에 현재 사진의 URI를 설정하여 배경 이미지를 변경합니다.

photoImageView.alpha = 0f: photoImageView의 투명도를 0으로 설정하여 페이드인 효과를 준비합니다.

photoImageView.setImageURI(photoList[next]): photoImageView에 다음 사진의 URI를 설정하여 이미지를 변경합니다.

photoImageView.animate()...: photoImageView를 페이드인 애니메이션과 함께 보여줍니다. 애니메이션의 지속시간은 1초로 설정되어 있습니다.

currentPosition = next: currentPosition을 다음 사진의 인덱스로 업데이트합니다.

startTimer(): 다음 사진 전환을 위해 startTimer() 메서드를 호출하여 타이머를 다시 시작합니다.
*/

```kotlin
    private fun startTimer() {
        timerHandler?.removeCallbacks(timerRunnable)
        timerHandler = Handler(Looper.getMainLooper())
        timerHandler?.postDelayed(timerRunnable, 3000)
    }
/*
```

timerHandler?.removeCallbacks(timerRunnable): 이전에 실행되었던 타이머 작업을 제거합니다. 이전 작업이 남아 있다면 제거하여 중복 실행을 방지합니다.

timerHandler = Handler(Looper.getMainLooper()): 메인 스레드의 루퍼(Looper)를 사용하여 새로운 핸들러(Handler) 인스턴스를 생성합니다. 이 핸들러를 통해 타이머 작업을 스케줄링 할 수 있습니다.

timerHandler?.postDelayed(timerRunnable, 3000): timerRunnable을 3초 후에 실행하도록 타이머 작업을 예약합니다. 이를 통해 사진 전환과 애니메이션을 주기적으로 수행할 수 있습니다.
*/

```kotlin
    override fun onStart() {
        super.onStart()
        startTimer()
    }
/*
```

startTimer() 메서드를 호출하는 부분은 액티비티가 화면에 표시되고 사용자와 상호 작용하기 직전에 타이머를 시작하도록 하는 역할을 합니다. 이로써 액티비티가 시작될 때마다 사진 전환 타이머가 실행되고, 사진이 주기적으로 전환되는 동작이 시작됩니다. */

```kotlin
    override fun onStop() {
        super.onStop()
        timerHandler?.removeCallbacks(timerRunnable)
    }
```

```
/*
timerHandler?.removeCallbacks(timerRunnable)은 현재 실행중인 디이미 작업을 제기
하는 역할을 합니다. 이를 통해 액티비티가 화면에서 사라질 때 타이머 작업을 중지시킵니다. 타이머 작업을
중지함으로써 사진 전환과 애니메이션이 일시적으로 멈추게 되는 것입니다. */

    override fun onDestroy() {
        super.onDestroy()
        timerHandler?.removeCallbacks(timerRunnable)
    }
}
/*
timerHandler?.removeCallbacks(timerRunnable)은 현재 실행 중인 타이머 작업을 제
거하는 역할을 합니다. 이를통해 액티비티가 완전히 소멸될 때 타이머 작업을 중지시킵니다. 타이머 작업을
중지함으로써 메모리 누수를 방지하고 액티비티와 관련 된 리소스를 정리하는 것입니다. */
```

이미지 슬라이드 쇼를 보여주는 activity_photoframe.xml 의 파일 코드는 다음과 같습니다.

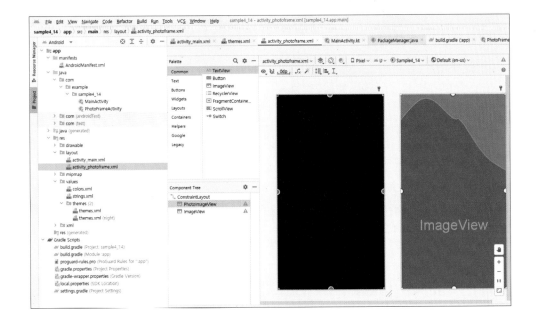

```xml
<?xml version="1.0" encoding="utf-8"?>
<androidx.constraintlayout.widget.ConstraintLayout
    xmlns:android="http://schemas.android.com/apk/res/android"
    xmlns:app="http://schemas.android.com/apk/res-auto"
    android:layout_width="match_parent"
    android:layout_height="match_parent">

    <ImageView
        android:id="@+id/PhotoImageView"
        android:layout_width="0dp"
        android:layout_height="0dp"
        android:background="@color/black"
        android:scaleType="center"
        app:layout_constraintBottom_toBottomOf="parent"
        app:layout_constraintEnd_toEndOf="parent"
        app:layout_constraintStart_toStartOf="parent"
        app:layout_constraintTop_toTopOf="parent" />

    <ImageView
        android:id="@+id/ImageView"
        android:layout_width="0dp"
        android:layout_height="0dp"
        android:background="@color/black"
        android:scaleType="center"
        app:layout_constraintBottom_toBottomOf="parent"
        app:layout_constraintEnd_toEndOf="parent"
        app:layout_constraintStart_toStartOf="parent"
        app:layout_constraintTop_toTopOf="parent" />

</androidx.constraintlayout.widget.ConstraintLayout>
```

화면 상단의 타이틀을 없애는 코드를 추가합니다. 사진을 화면 전체에 보이게 하기 위해서 입니다.

res > values의 themes.xml에 〈item name="windowNoTitle"〉true〈/item〉 코드를 추가합니다. 상단의 타이틀을 없앤다는 의미입니다.

전체 코드는 다음과 같습니다.

AndroidManifest.xml

```xml
<?xml version="1.0" encoding="utf-8"?>
<manifest xmlns:android="http://schemas.android.com/apk/res/android"
    xmlns:tools="http://schemas.android.com/tools">

    <uses-permission android:name="android.permission.READ_EXTER-
    NAL_STORAGE"></uses-permission>

    <application
        android:allowBackup="true"
        android:dataExtractionRules="@xml/data_extraction_rules"
        android:fullBackupContent="@xml/backup_rules"
        android:icon="@mipmap/ic_launcher"
        android:label="@string/app_name"
        android:supportsRtl="true"
        android:theme="@style/Theme.Sample4_14"
        tools:targetApi="31">
        <activity
            android:name=".MainActivity"
```

```
            android:exported="true">
            <intent-filter>
                <action android:name="android.intent.action.MAIN" />

                <category android:name="android.intent.category.
                LAUNCHER" />
            </intent-filter>
        </activity>

        <activity android:name=".PhotoFrameActivity"/>

    </application>

</manifest>
```

MainActivity.kt

```kotlin
import android.app.Activity
import android.content.Intent
import android.net.Uri
import androidx.appcompat.app.AppCompatActivity
import android.os.Bundle
import android.widget.Button
import android.widget.ImageView
import android.widget.Toast

class MainActivity: AppCompatActivity() {

    private lateinit var addPhotoButton: Button
    private lateinit var startPhotoButton: Button
    private lateinit var imageViewList: List<ImageView>
    private val imageList: MutableList<Uri> = mutableListOf()

    override fun onCreate(savedInstanceState: Bundle?) {
        super.onCreate(savedInstanceState)
        setContentView(R.layout.activity_main)

        addPhotoButton = findViewById(R.id.addPhotoButton)
        startPhotoButton = findViewById(R.id.startPhotoButton)
        imageViewList = listOf(
```

```kotlin
            findViewById(R.id.imageView1),
            findViewById(R.id.imageView2),
            findViewById(R.id.imageView3)
        )

        addPhotoButton.setOnClickListener {
            navigatePhotos()
        }

        startPhotoButton.setOnClickListener {
            val intent = Intent(this, PhotoFrameActivity::class.java)
            imageList.forEachIndexed { index, uri ->
                intent.putExtra("photo$index", uri.toString())
            }
            intent.putExtra("photoListSize", imageList.size)
            startActivity(intent)
        }
    }

    private fun navigatePhotos() {
        val intent = Intent(Intent.ACTION_GET_CONTENT)
        intent.type = "image/*"
        startActivityForResult(intent, 500)
    }

    override fun onActivityResult(requestCode: Int, resultCode: Int,
    data: Intent?) {
        super.onActivityResult(requestCode, resultCode, data)
        if (resultCode != Activity.RESULT_OK) {
            return
        }

        when (requestCode) {
            500 -> {
                val selectedImageUri: Uri? = data?.data

                if (selectedImageUri != null) {
                    if (imageList.size == 3) {
                        Toast.makeText(this, "3장의 사진 선택이 완료 되었습니다.",
                        Toast.LENGTH_LONG).show()
                        return
                    }
```

```
                imageList.add(selectedImageUri)
                imageViewList[imageList.size - 1].setImageURI(se-
                lectedImageUri)
            }
        }
    }
}
}
```

PhotoFrameActivity.kt

```kotlin
import android.net.Uri
import android.os.Bundle
import android.os.Handler
import android.os.Looper
import android.util.Log
import android.widget.ImageView
import androidx.appcompat.app.AppCompatActivity
import java.util.*
import kotlin.concurrent.timer

class PhotoFrameActivity: AppCompatActivity() {

    private val photoList = mutableListOf<Uri>()
    private var currentPosition = 0
    private var timerHandler: Handler? = null

    private lateinit var photoImageView: ImageView
    private lateinit var backgroundPhotoImageView: ImageView

    override fun onCreate(savedInstanceState: Bundle?) {
        super.onCreate(savedInstanceState)
        setContentView(R.layout.activity_photoframe)

        photoImageView = findViewById(R.id.ImageView)
        backgroundPhotoImageView = findViewById(R.id.PhotoImageView)

        getPhotoUriFromIntent()
    }

    private fun getPhotoUriFromIntent() {
```

```kotlin
        val size = intent.getIntExtra("photoListSize", 0)
        for (i in 0 until size) {
            intent.getStringExtra("photo$i")?.let {
                photoList.add(Uri.parse(it))
            }
        }
    }
}

private val timerRunnable = object: Runnable {
    override fun run() {
        val current = currentPosition
        val next = if (photoList.size <= currentPosition + 1) 0
        else currentPosition + 1

        backgroundPhotoImageView.setImageURI(photoList[current])

        photoImageView.alpha = 0f
        photoImageView.setImageURI(photoList[next])
        photoImageView.animate()
            .alpha(1.0f)
            .setDuration(1000)
            .start()

        currentPosition = next

        startTimer()
    }
}

private fun startTimer() {
    timerHandler?.removeCallbacks(timerRunnable)
    timerHandler = Handler(Looper.getMainLooper())
    timerHandler?.postDelayed(timerRunnable, 3000)
}

override fun onStart() {
    super.onStart()
    startTimer()
}

override fun onStop() {
```

```kotlin
        super.onStop()
        timerHandler?.removeCallbacks(timerRunnable)
    }

    override fun onDestroy() {
        super.onDestroy()
        timerHandler?.removeCallbacks(timerRunnable)
    }
}
```

activity _ main.xml

```xml
<?xml version="1.0" encoding="utf-8"?>
<androidx.constraintlayout.widget.ConstraintLayout
    xmlns:android="http://schemas.android.com/apk/res/android"
    xmlns:app="http://schemas.android.com/apk/res-auto"
    xmlns:tools="http://schemas.android.com/tools"
    android:layout _ width="match _ parent"
    android:layout _ height="match _ parent"
    tools:context=".MainActivity">


    <LinearLayout
        android:id="@+id/Layout1"
        android:layout _ width="0dp"
        android:layout _ height="0dp"
        app:layout _ constraintDimensionRatio="H,3:1"
        app:layout _ constraintEnd _ toEndOf="parent"
        app:layout _ constraintStart _ toStartOf="parent"
        app:layout _ constraintTop _ toTopOf="parent">

        <ImageView
            android:id="@+id/imageView1"
            android:layout _ width="0dp"
            android:layout _ height="match _ parent"
            android:layout _ weight="1"
            android:background="#8BC34A"
            android:scaleType="centerCrop" />

        <ImageView
            android:id="@+id/imageView2"
```

```xml
            android:layout_width="0dp"
            android:layout_height="match_parent"
            android:layout_weight="1"
            android:background="#CDDC39"
            android:scaleType="centerCrop" />

        <ImageView
            android:id="@+id/imageView3"
            android:layout_width="0dp"
            android:layout_height="match_parent"
            android:layout_weight="1"
            android:background="#FFEB3B"
            android:scaleType="centerCrop" />

</LinearLayout>

<LinearLayout
    android:layout_width="match_parent"
    android:layout_height="match_parent"
    android:orientation="horizontal"
    android:gravity="center"
    tools:context=".MainActivity">

    <Button
        android:id="@+id/startPhotoButton"
        android:layout_width="wrap_content"
        android:layout_height="317dp"
        android:backgroundTint="#009688"
        android:text="전자액자\n실행"
        android:textSize="34sp" />

    <Space
        android:layout_width="match_parent"
        android:layout_height="wrap_content"
        android:layout_weight="1" />

    <Button
        android:id="@+id/addPhotoButton"
        android:layout_width="wrap_content"
        android:layout_height="144dp"
        android:backgroundTint="#03A9F4"
        android:text="사진 추가"
```

```
            app:icon="@android:drawable/ic_input_add" />

    </LinearLayout>

</androidx.constraintlayout.widget.ConstraintLayout>
```

activity_photoframe.xml

```xml
<?xml version="1.0" encoding="utf-8"?>
<androidx.constraintlayout.widget.ConstraintLayout
    xmlns:android="http://schemas.android.com/apk/res/android"
    xmlns:app="http://schemas.android.com/apk/res-auto"
    android:layout_width="match_parent"
    android:layout_height="match_parent">

    <ImageView
        android:id="@+id/PhotoImageView"
        android:layout_width="0dp"
        android:layout_height="0dp"
        android:background="@color/black"
        android:scaleType="center"
        app:layout_constraintBottom_toBottomOf="parent"
        app:layout_constraintEnd_toEndOf="parent"
        app:layout_constraintStart_toStartOf="parent"
        app:layout_constraintTop_toTopOf="parent" />

    <ImageView
        android:id="@+id/ImageView"
        android:layout_width="0dp"
        android:layout_height="0dp"
        android:background="@color/black"
        android:scaleType="center"
        app:layout_constraintBottom_toBottomOf="parent"
        app:layout_constraintEnd_toEndOf="parent"
        app:layout_constraintStart_toStartOf="parent"
        app:layout_constraintTop_toTopOf="parent" />

</androidx.constraintlayout.widget.ConstraintLayout>
```

ANDROID EASY APP

1. 디바이스 테스트

2. 구글 개발자 등록

3. 구글 플레이 배포

CHAPTER **5**

서비스
배포하기

서비스 배포하기

A N D R O I D • E A S Y • A P P

이제 만든 앱을 스마트폰 단말기에서 실행을 해보고 배포하는 방법에 대해 다루겠습니다.
먼저 스마트폰을 안드로이드 스튜디오와 연결해서 테스트하는 방법에 대해 알아봅니다.

 1. 디바이스 테스트

만든 앱을 스마트폰(단말기)에 넣어 테스트하는 방법과 스토어를 통해서 등록 배포하는 방법에 대해 설명하겠습니다. 안드로이드 앱을 등록하고 배포하는 스토어(Store)가 많이 있으나 여기서는 구글 플레이(http://play.google.com/store)를 대상으로 하겠습니다.

단말기를 통하여 앱을 테스트하기 위해서는 단말기를 USB 케이블로 PC와 연결합니다. 사전에 단말기 제조사의 웹 사이트를 통해서 반드시 USB 드라이버를 다운로드하여 설치하기 바랍니다. USB 드라이버 설치가 완료되었으면 단말기의 환경 설정에 들어가 개발자 단말기 설정을 해야 합니다. 단말기마다 화면 구성이 다를 수 있음을 알려드립니다. 이 책에서는 안드로이드 버전 13을 기준으로 작성되었습니다.

휴대폰의 설정으로 들어갑니다. 설정 하단의 [휴대폰 정보]를 누릅니다.

[소프트웨어 정보]를 누릅니다.

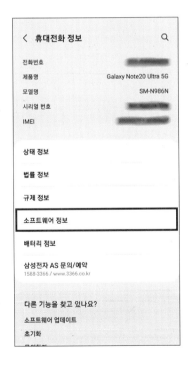

[빌드 번호]를 누릅니다.

[빌드 번호]를 여러 번 누릅니다.

[빌드 번호]를 여러 번 누르면 개발자 모드가 활성화됩니다.

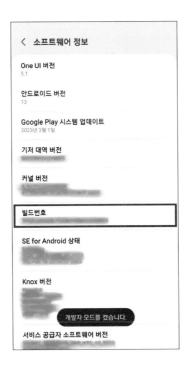

설정 하단에 [개발자 옵션]이 추가된 것을 볼 수 있습니다. [개발자 옵션]을 누릅니다.

[개발자 옵션] 메뉴에 들어왔습니다. 하단으로 내려와서 [USB 디버깅] 메뉴를 선택합니다.

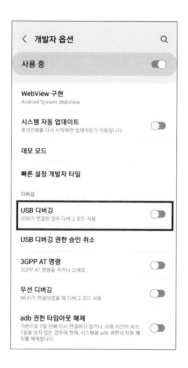

[USB 디버깅] 메뉴의 토글 버튼을 오른쪽으로 이동합니다. 그러면 그림과 같이 디버깅 허용에 대한 알림 창이 뜹니다. [확인]을 누릅니다.

개발자 옵션의 USB 디버깅 모드가 활성화가 되었습니다. USB 디버깅 모드가 활성화되어야 PC
와 스마트폰 연결 시 스마트폰에 앱이 설치됩니다.

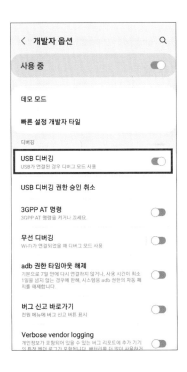

스마트폰 즉, 단말기 설정이 마무리되었습니다. 이젠 안드로이드 스튜디오를 실행합니다. 단말기
를 통해서 이전에 학습한 앱을 실행해 보겠습니다. 반드시 단말기와 USB를 연결해 놓은 상태여
야 합니다.

이전에 학습한 앱을 안드로이드 스튜디오에서 열겠습니다. 연결이 정상으로 이루어졌다면 안드로
이드 스튜디오 우측 상단에 연결된 스마트폰 모델이 나타나는 것을 확인할 수 있습니다. 우측 실
행 버튼(▶)을 누릅니다.

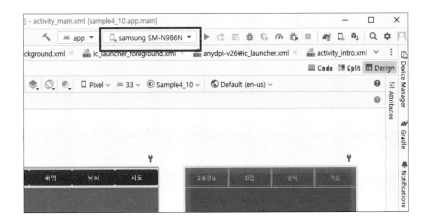

연결된 스마트폰에서 실행되었습니다.

2. 구글 개발자 능록

앱을 만들어 판매 또는 배포를 하려면 구글 개발자 콘솔 사이트에 개발자 등록을 해야 합니다. 인터넷 브라우저를 통해 구글 개발자 콘솔 사이트(https://play.google.com/console)에 들어가면 다음과 같은 화면을 확인할 수 있습니다.

구글 계정으로 오른쪽 상단의 [Play Console로 이동] 버튼을 누릅니다. 화면은 구글 사이트 업그레이드로 변경될 수 있으니 사이트 디자인이 변경되더라도 [Play Console로 이동] 버튼을 찾아서 사이트로 이동하기 바랍니다.

등록 후 개발자 계정을 만들기 위해서는 현재(2023년 기준) 25달러를 1회 결제해야 합니다. 이 부분은 구글 결제 진행에 따라 진행하기 바랍니다. 개발자 등록이 완료되면 구글 콘솔 화면에 진입해 보면, 해당 화면에서 등록한 앱의 목록을 볼 수 있습니다.

오른쪽 상단의 [앱 만들기] 버튼을 눌러 앱 등록 진행을 할 수 있습니다.

다음 그림은 앱 등록 화면입니다. 여기에 주요 정보를 입력하고 앱을 등록합니다. 앱 등록에 대한 부분은 다음 장(5-3절 구글 플레이 배포)에서 자세하게 다루도록 하겠습니다.

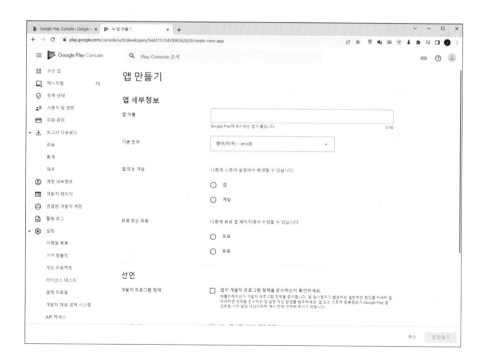

3. 구글 플레이 배포

구글 개발자 콘솔 사이트에 개발자 등록을 했다면 이제는 앱을 배포하는 방법을 알아보도록 하겠습니다. 배포하려고 하는 앱을 안드로이드 스튜디오로 배포 가능한 앱 파일을 만들어 구글 콘솔 사이트에 앱을 업로드해야 합니다.

먼저 배포가 가능한 앱 배포 파일을 만들어 보겠습니다. 우리가 이전에 학습한 앱 프로젝트 중에 아무거나 선택해서 엽니다. 이 프로젝트 파일을 이용하여 앱 배포 파일을 만들어 보겠습니다.

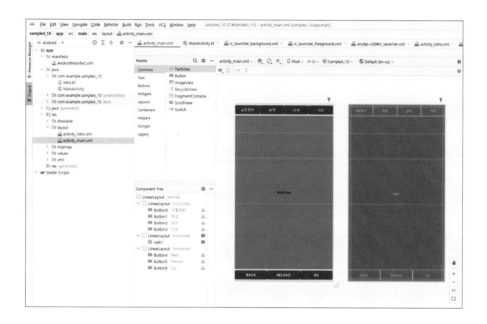

상단 메뉴에서 Build > Generate Signed Bundle / APK…를 선택합니다.

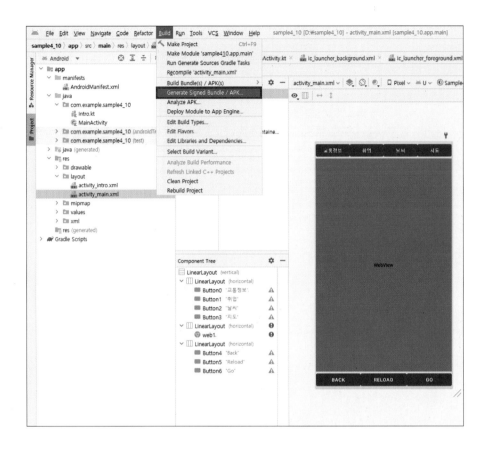

다음 화면이 나타나는데 Android App Bundle을 선택합니다. Android App Bundle은 안드로이드 앱의 배포 형식 중 하나로, 개발자가 Google Play 스토어를 통해 앱을 배포할 때 사용되는 파일 형식입니다. Android App Bundle은 APK(Android Application Package) 파일 대신 사용됩니다.

이전에는 APK 파일만을 사용하였습니다. 그래서 모든 디바이스에 대해 필요한 리소스와 코드를 포함하였고 모든 디바이스에서 다운로드하는 데 필요한 용량이 컸습니다. 그러나 Android App Bundle은 앱의 리소스와 코드를 최적화하여 디바이스의 특성에 맞는 최소한의 리소스만 포함하도록 하여 앱의 용량을 줄이고 디바이스의 저장 공간을 절약할 수 있습니다.

선택이 완료되었으면 [Next]를 선택합니다.

다음 화면은 앱의 인증키를 선택하는 화면입니다. 앱 배포 파일에 소유자의 인증키를 포함으로 해서 본인의 인증키와 비밀번호가 없으면 앱에 대한 사용 권한을 제한할 수 있는 것이라고 생각하면 됩니다. 처음에는 인증키가 없으므로 중앙의 [Create new…]를 눌러 키를 생성합니다.

새로운 키를 생성하는 화면입니다. 인증기 파일의 경로를 설정하고 비밀번호를 입력하고, 관련 사항들을 그림과 같이 입력합니다. 정보는 본인이 원하는 정보를 입력하면 됩니다.

① **Key store path:** 인승 파일(.jks 또는 .keystore)의 저장 경로를 선택합니다. 저장 경로는 잘 기억해 두기를 바랍니다.

② **password:** 인증 파일의 암호를 입력합니다.

③ **Alias:** 인증에 포함된 개인 키의 별칭(alias)을 입력합니다. 개인 키는 앱 서명에 사용되는 키입니다.

④ **Password:** 개인 키의 암호를 입력합니다.

⑤ **Validity (years):** 생성되는 개인 키의 유효 기간(년)을 선택합니다. 일반적으로 25년으로 설정합니다.

⑥ **First and Last Name:** 개인 키의 소유자 이름을 입력합니다.

⑦ **Organizational Unit:** 조직 단위를 입력합니다.

⑧ **Organization:** 조직 이름을 입력합니다.

⑨ **City or Locality:** 도시 또는 지역 이름을 입력합니다.

⑩ **State or Province:** 주 또는 도 이름을 입력합니다.

⑪ **Country Code:** 국가 코드를 입력합니다. 예를 들어, 한국은 "kr"입니다.

입력이 완료되었으면 [OK]를 눌러 키 생성을 완료합니다.

그럼 이전의 화면으로 돌아옵니다. 비번을 입력한 후 [Next]를 누릅니다.

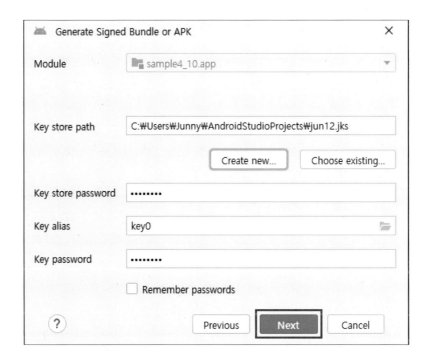

현재 배포 파일을 만들고 있으므로 release를 선택하고 [Create]를 누릅니다.

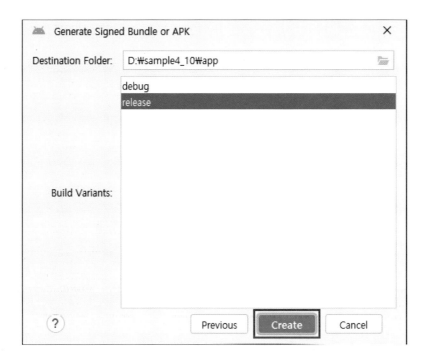

안느로이드 스튜디오 우측 하단에 배포 파일이 생성되면 다음과 같은 메시지가 나타납니다. 파란 글씨 locate를 선택합니다.

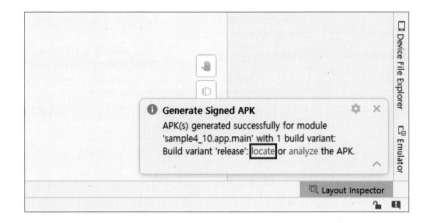

그림과 같이 윈도우 탐색기가 나타나면서 생성된 앱 배포 파일을 보여줍니다. 배포 앱을 만들었습니다. 파일 중에 확장자가 aab인 파일을 업로드할 것입니다.

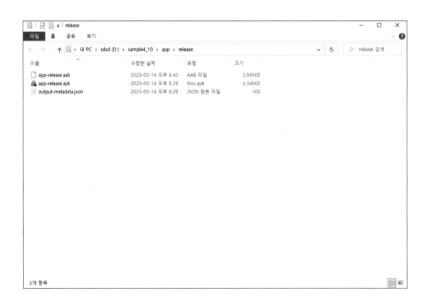

구글 콘솔 사이트(https://play.google.com/console)에 접속하여 로그인합니다. 오른쪽 상단의
[앱 만들기]를 누릅니다.

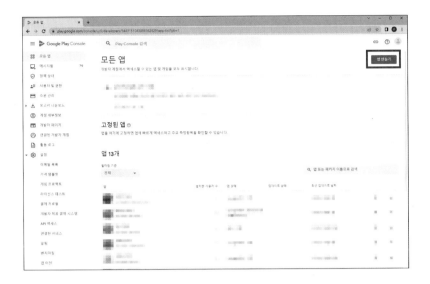

앱 이름을 입력하고 옵션들을 선택합니다. [앱 만들기] 버튼을 누릅니다.

지금 테스트 시작의 새 비전 출시를 누릅니다. 앱 실정은 앱에 내한, 광고, 앱 등급 능을 설정할
수 있습니다.

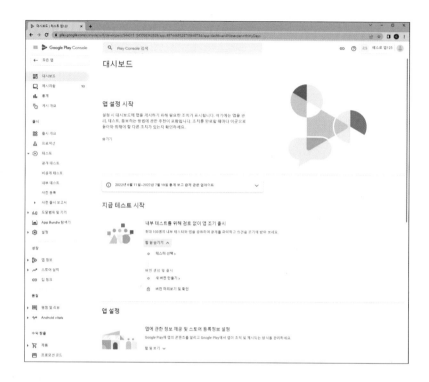

오른쪽 상단의 [새 버전 만들기]를 누릅니다.

중앙에 App Bundle 영역에 이미 만든 앱 배포 파일 확장자 aab 파일을 선택하여 업로드합니다.

그림과 같이 업로드가 진행되면 이후 앱 배포 단계에 따라 배포를 진행하면 됩니다.

지금까지 앱 등록에 대해 알아보았습니다. 구글 앱 배포 정책이나 화면은 변경되는 경우가 있으므로 정확한 정보는 안드로이드 개발자 사이트(https://developer.android.com/distribute)를 참조하기 바랍니다.

구글 플레이를 통하여 앱을 배포하는 경우는 앱에 대한 심사 기간이 거의 없으므로 대부분 바로 배포가 됩니다. 다만 웹사이트의 적용시간이 있으므로 24시간 정도 후에 모든 배포가 이루어진다고 생각하면 됩니다.

1. 모바일 광고 달기

CHAPTER

6

앱 개발에
도움이 되는 정보

CHAPTER 6

앱 개발에 도움이 되는 정보

A N D R O I D · E A S Y · A P P

지금까지는 앱을 만드는 방법에 대한 학습을 하였습니다. 그럼 이번 Chapter 6에서는 앱에 광고를 게시하는 방법에 대해 알아보겠습니다. 구글에서 제공하는 애드몹(Admob)이라는 구글 광고 플랫폼입니다.

 1. 모바일 광고 달기

지금까지 안드로이드(Android) 앱(App)을 만들어 스토어에 올리고 배포하는 것을 학습하였습니다. 이제는 수익에 대해 생각을 해보도록 하겠습니다.

앱을 유료로 올린다고 해서 반드시 수익이 나는 것은 아닙니다. 유료 앱은 사용자들의 부담이 있어 수익을 내는 것이 쉽지 않습니다. 그래서 앱을 무료로 다운로드하게 한 다음 광고를 노출하여 광고 수익을 내는 방법이 있습니다.

애드몹(Admob)이라는 구글의 광고 플랫폼을 앱에 추가하여 무료로 배포하는 것입니다. 애드몹은 전 세계 기업이나 개인에게 광고를 제공하고 있습니다. 그래서 애드몹에서 제공하고 있는 광고 배너를 원하는 앱에 달기만 하면 전 세계의 앱 사용자가 앱을 이용하다가 노출되는 애드몹 광고를 클릭하면 일정 비율의 수익이 발생합니다. 참고로 광고 한 번 클릭당 발생하는 광고 수익은 매우 적다는 것을 알려드립니다.

구글 개발자 사이트에서는 애드몹 광고를 앱에 달 수 있는 정보를 제공합니다. 사이트를 방문하여 최신 정보를 확인하기 바랍니다.

구글 개발자 사이트(https://developers.google.com/)를 방문합니다.

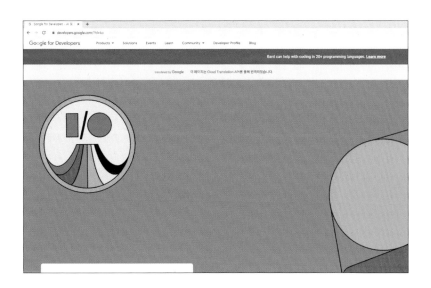

상단 메뉴의 Products에서 AdMob 메뉴를 선택합니다.

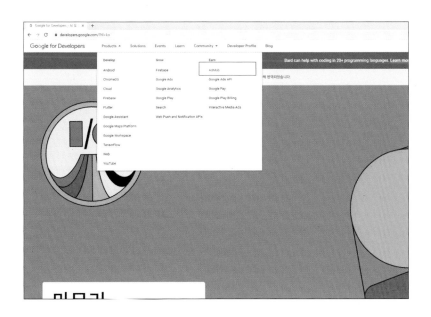

애드몹 설명 사이트(https://developers.google.com/admob?hl=ko)로 이동합니다.

하단 시작하기 메뉴에서 Android를 누릅니다.

안드로이드 앱에서 애드몹 광고를 추가하는 페이지(https://developers.google.com/admob/android/quick-start?hl=ko)로 이동하였습니다. 이후에도 이 사이트를 자주 방문하여 업데이트되는 최신 정보를 확인하기 바랍니다.

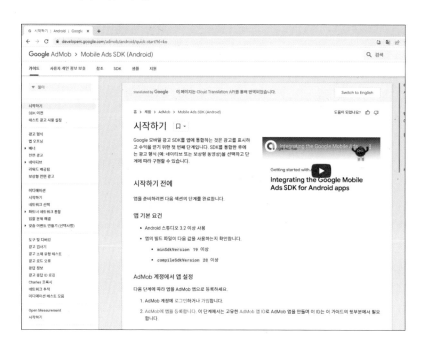

그럼 이 정보를 참조하여 앱에 광고를 추가하는 코딩에 대해 알아보겠습니다. 새로운 프로젝트를 생성하고 AndroidManifest.xml 파일을 열어 그림과 같이 코드를 추가합니다.

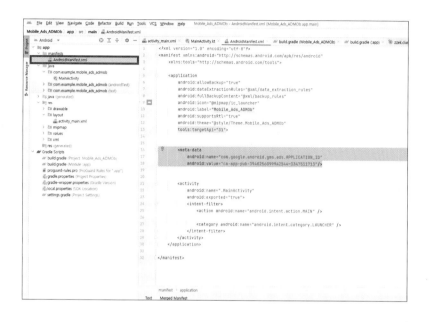

```
<meta-data
    android:name="com.google.android.gms.ads.APPLICATION _ ID"
    android:value="ca-app-pub-3940256099942544~3347511713"/>
```

앞의 코드에서 android:name은 "com.google.android.gms.ads.APPLICATION_ID"이고, android:value는 "ca-app-pub-3940256099942544~3347511713"입니다. ca-app-pub-3940256099942544~3347511713 코드는 애드몹 광고를 앱에 적용하여 볼 수 있도록 도와주기 위한 테스트 ID입니다.

앱에 애드몹 광고 코드를 추가하고 테스트 광고가 게시되는 것을 테스트할 수 있습니다. 애드몹 추가가 완료되면 애드몹 사이트(https://admob.google.com/)에 회원 가입 후 본인의 애드몹 광고 ID를 발급받아 추가하기 바랍니다.

그리고 MainActivity.kt 파일에는 다음과 같은 코드를 추가합니다.

```kotlin
class MainActivity: AppCompatActivity() {

    lateinit var mAdView: AdView

/* 이 코드의 lateinit 키워드는 변수를 선언할 때 초기화를 지연시킬 수 있도록 도와주는 기능으로
변수를 나중에 초기화할 수 있습니다.
mAdView 변수는 AdMob에서 제공하는 광고뷰(AdView)를 보여주는 역할을 합니다. */

    override fun onCreate(savedInstanceState: Bundle?) {
        super.onCreate(savedInstanceState)
        setContentView(R.layout.activity_main)

        MobileAds.initialize(this) {}

        mAdView = findViewById(R.id.adView)
        val adRequest = AdRequest.Builder().build()
        mAdView.loadAd(adRequest)

    }
}
```

앱 화면에 애드뷰를 가져와 배치를 합니다. activity_main.xml을 선택한 후 팔레트의 Google ＞ AdView를 마우스로 드래그해서 앱 화면에 배치합니다.

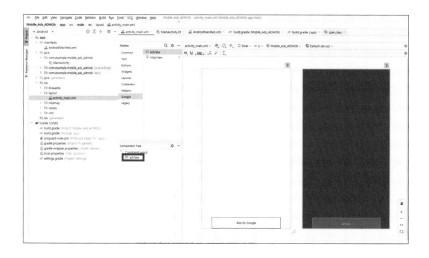

activity_main.xml 파일의 코드 보기 모드를 선택한 후 다음과 같이 코드를 변경합니다.

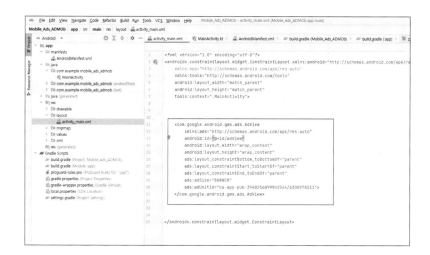

```
<com.google.android.gms.ads.AdView
① xmlns:ads="http://schemas.android.com/apk/res-auto"
② android:id="@+id/adView"
③ android:layout _ width="wrap _ content"
④ android:layout _ height="wrap _ content"
⑤ ads:layout _ constraintBottom _ toBottomOf="parent"
⑥ ads:layout _ constraintStart _ toStartOf="parent"
⑦ ads:layout _ constraintEnd _ toEndOf="parent"
⑧ ads:adSize="BANNER"
⑨ ads:adUnitId="ca-app-pub-3940256099942544/6300978111">
</com.google.android.gms.ads.AdView>
```

① xmlns:ads="http://schemas.android.com/apk/res-auto": ads를 사용하여 AdMob 속성을 참조하기 위한 XML 네임스페이스를 정의합니다.

② android:id="@+id/adView": 애드뷰의 고유한 식별자를 설정합니다. 이 식별자는 앱의 코드에서 애드뷰를 참조하는 데 사용됩니다.

③ android:layout_width="wrap_content": 애드뷰의 너비를 내용물에 맞게 설정합니다.

④ android:layout_height="wrap_content": 애드뷰의 높이를 내용물에 맞게 설정합니다.

⑤ ads:layout_constraintBottom_toBottomOf="parent": 애드뷰의 하단을 부모 요소의 하단에 맞춥니다. 즉, 애드뷰를 부모 요소의 하단에 정렬합니다.

⑥ ads:layout_constraintStart_toStartOf="parent": 애드뷰의 시작 부분을 부모 요소의 시작 부분에 맞춥니다. 즉, 애드뷰를 부모 요소의 시작 부분에 정렬합니다.

⑦ ads:layout_constraintEnd_toEndOf="parent": 애드뷰의 끝 부분을 부모 요소의 끝 부분에 맞춥니다. 즉, 애드뷰를 부모 요소의 끝 부분에 정렬합니다.

⑧ ads:adSize="BANNER": 애드뷰의 크기를 "BANNER"로 설정합니다. 이는 배너 형식의 광고를 나타냅니다.

⑨ ads:adUnitId="ca-app-pub-3940256099942544/6300978111": 애드뷰에 표시할 광고 단위 ID를 설정합니다. 이는 AdMob에서 생성한 광고 단위 ID(현재는 테스트 아이디)를 나타냅니다.

이 코드 구성은 작성 후 에러가 많이 발생할 수 있습니다. 그러므로 코드 입력 후 다르게 적었는지 한번 더 확인해 보기 바랍니다.

build.gradle(Module:app)를 선택한 후 다음 그림과 같이 코드를 추가합니다.

```
dependencies {

    implementation 'androidx.core:core-ktx:1.7.0'
    implementation 'androidx.appcompat:appcompat:1.6.1'
    implementation 'com.google.android.material:material:1.9.0'
    implementation 'androidx.constraintlayout:constraintlayout:2.1.4'
    testImplementation 'junit:junit:4.13.2'
    androidTestImplementation 'androidx.test.ext:junit:1.1.5'
    androidTestImplementation 'androidx.test.espresso:espres-
    so-core:3.5.1'
    implementation 'com.google.android.gms:play-services-ads:21.0.0'
}
```

Google Play Services의 광고 기능을 사용하기 위한 코드입니다. 이렇게 코드 입력이 완료되었습니다.

실행을 눌러 애드몹 광고 노출을 확인합니다. 그림과 같이 하단에 노출되는 것을 볼 수 있습니다.

지금까지 기본 안드로이드 프로젝트 앱에 광고를 게시해 보았습니다. 본 예제에 사용된 구글 광고 코드(ca-app-pub-3940256099942544~3347511713)는 앱 제작을 위한 테스트 코드이므로 반드시 구글 애드몹 광고 회원 가입 후 ID를 생성하여 적용하기 바랍니다.

찾아 보기
Index

한글 ㄱ ~ ㅎ

개발 키트 ································· 35
객체지향 프로그래밍 ··········· 78
경고창 ································· 254
구글 개발자 사이트 ············· 16
구글 플레이 ·························· 11
나인패치 ······························ 242
네이티브 ······························· 40
레이아웃 ······························· 50
모바일 페이지 앱 ················· 286
문자 ···································· 73
변수 ···································· 68
상수 ···································· 68
상수 ···································· 68
안드로이드 ··························· 10
안드로이드 SDK ···················· 35
안드로이드 가상머신 에뮬레이터 ··· 25
안드로이드 스튜디오 ············· 13
애니메이션 효과 ··················· 275
애드몹 ································· 368
액티비티 ······························· 22
원스토어 ······························· 11
웹뷰 ···································· 200
이클립스 ······························· 13
임포트 ································· 48
자바 ···································· 23
자바 환경 변수 ······················ 35
자바가상머신 ······················· 23
정수 ···································· 73
주석 ···································· 61
캔버스 ································· 242

코틀린 ································· 23
클래스 ································· 78
툴 ······································ 13
패키지 ································· 123

영어 A ~ Z

Activity ································· 22
Admob ································· 368
Alert ··································· 254
Android ································· 10
App ····································· 10
AVD ····································· 25
canvas ································· 242
Class ···································· 78
for ······································ 75
HTML ··································· 216
Import ································· 48
java ····································· 35
Kotlin ··································· 68
Layout ································· 85
MediaPlayer ························· 226
Nine Patch ··························· 242
Package ······························· 123
SDK ····································· 35
SoundPool ··························· 226
Tool ····································· 13
WebView ······························ 200
XML ····································· 50

영진닷컴
프로그래밍 도서

영진닷컴에서 출간된 프로그래밍 분야의 다양한 도서들을 소개합니다.
파이썬, 인공지능, 알고리즘, 안드로이드 앱 제작, 개발 관련 도서 등 초보자를 위한 입문서부터
활용도 높은 고급서까지 독자 여러분께 도움이 될만한 다양한 분야, 난이도의 도서들이 있습니다.

하루 만에 배우는
안드로이드 앱 with 코틀린

서창준 저
384쪽 | 25,000원

풀스택 개발이 쉬워지는
다트&플러터

이성원 저
720쪽 | 40,000원

실용 SQL

앤서니 드바로스 저
460쪽 | 30,000원

클린 코드의 기술

Christian Mayer 저
192쪽 | 20,000원

JAVA 언어로 배우는
디자인 패턴 입문

유키 히로시 저
560쪽 | 32,000원

파이썬 코드로 배우는
Git&Github

유광명 저
384쪽 | 20,000원

KODE VICIOUS
개발 지옥

조지 V. 네빌-닐 저
400쪽 | 28,000원

백엔드를 위한
Go 프로그래밍

탠메이 박시, 바히어 카말 저
192쪽 | 22,000원

백엔드를 위한
Django REST
Framework with 파이썬

권태형 저 | 248쪽 | 18,000원

코딩 테스트로 시작하는
파이썬 프로그래밍

다니엘 진가로 저
380쪽 | 24,000원

김변수와 시작하는
코딩생활 with 파이썬

코뮤니티 운영진(휴몬랩) 저
376쪽 | 18,000원

딥러닝을 위한
파이토치 입문

딥러닝호형 저
320쪽 | 25,000원

1판 1쇄 발행 2023년 12월 5일

저 자 | 서창준
발 행 인 | 김길수
발 행 처 | (주)영진닷컴
주 소 | (우)08507 서울특별시 금천구 가산디지털1로 128
         STX–V 타워 4층 401호
등 록 | 2007. 4. 27. 제16–4189

©2023. (주)영진닷컴

ISBN | 978-89-314-6983-7

YoungJin.com **Y.**
영진닷컴